METODOLOGIA
DO ENSINO DE

Biologia
e Química

Com um rico material de apoio a docentes e estudantes, esta coleção composta de oito títulos abarca as principais correntes teóricas sobre o ensino de Química e Biologia da atualidade. Destaca-se por trabalhar essas disciplinas aproximando-as da realidade do aluno em seu cotidiano, sendo esta uma das características mais presentes nesta coleção. Sobressaem-se também materiais voltados à ludicidade, prática bastante difundida na academia, mas pouco explorada nos manuais disponíveis atualmente aos docentes. As obras ainda contam com exercícios e gabaritos disponibilizados como instrumentos facilitadores da aprendizagem.

Volume 1
O Ensino de Biologia e o Cotidiano

Volume 2
O Professor-Pesquisador no Ensino de Ciências

Volume 3
O Ensino de Química e o Cotidiano

Volume 4
Fundamentos Filosóficos do Ensino de Ciências Naturais

Volume 5
Didática e Avaliação em Biologia

Volume 6
Fundamentos Históricos do Ensino de Ciências

Volume 7
Didática e Avaliação da Aprendizagem em Química

Volume 8
Jogos no Ensino de Química e Biologia

Diane Lucia de Paula Armstrong

Fundamentos Filosóficos do Ensino de Ciências Naturais

Informamos que é de inteira responsabilidade da autora a emissão de conceitos.

Nenhuma parte desta publicação poderá ser reproduzida por qualquer meio ou forma sem a prévia autorização da Editora InterSaberes.

A violação dos direitos autorais é crime estabelecido na Lei n. 9.610/1998 e punido pelo art. 184 do Código Penal.

Av. Vicente Machado, 317 . 14º andar
Centro . CEP 80420-010 . Curitiba . PR . Brasil
Fone: (41) 2103-7306
www.editoraintersaberes.com.br
editora@editoraintersaberes.com.br

Conselho editorial
Dr. Ivo José Both (presidente)
Drª. Elena Godoy
Dr. Nelson Luís Dias
Dr. Ulf Gregor Baranow

Editor-chefe
Lindsay Azambuja

Editor-assistente
Ariadne Nunes Wenger

Editor de arte
Raphael Bernadelli

Análise de informação
Silvia Mara Hadas

Revisão de texto
Monique Gonçalves

Capa
Denis Kaio Tanaami

Projeto gráfico
Bruno Palma e Silva

Diagramação
Regiane de Oliveira Rosa

Iconografia
Danielle Scholtz

Dados Internacional de Catalogação na Publicação (CIP)
(Câmara Brasileira do Livro, SP, Brasil)

    Armstrong, Diane Lucia de Paula
       Fundamentos filosóficos do ensino de ciências naturais / Diane Lucia de Paula Armstrong. – Curitiba: InterSaberes, 2012. – (Coleção Metodologia do Ensino de Biologia e Química; v. 4).

    Bibliografia.
    ISBN 978-85-8212-235-8

    1. Ciência – Estudo e ensino – Filosofia. I. Título. II. Série.

12-08695   CDD-507.1

Índices para catálogo sistemático:
1. Ciências naturais: Estudo e ensino: Filosofia
507.1

1ª edição, 2012.
Foi feito o depósito legal.

Sumário

Apresentação, 9
Introdução, 13

Fundamentos filosóficos no desenvolvimento da ciência, 17

1.1 Noções sobre ciência, 19

1.2 História da ciência, 22

Síntese, 38

Indicações culturais, 39

Atividades de Autoavaliação, 39

Atividades de Aprendizagem, 41

Senso comum *versus* conhecimento científico, 43

2.1 Diferenciação entre senso comum e conhecimento científico, 45

2.2 Ruptura entre conhecimento comum e conhecimento científico, 58

Síntese, 62
Indicações culturais, 63
Atividades de Autoavaliação, 64
Atividades de Aprendizagem, 66

Características epistemológicas de Bachelard, 67

3.1 Descontinuidade no conhecimento científico, 69
3.2 Obstáculos epistemológicos, 74
3.3 Os conceitos de Bachelard no ensino de Ciências, 83
3.4 Construção do conhecimento através da recorrência histórica de Bachelard, 87
3.5 Perfil epistemológico, 90

Síntese, 94
Indicações culturais, 95
Atividades de Autoavaliação, 96
Atividades de Aprendizagem, 99

Aplicação dos fundamentos filosóficos do ensino de Ciências Naturais, 101

4.1 Ciências Naturais, 103
4.2 O ensino de Ciências Naturais, 108
4.3 Contribuições filosóficas no ensino de Ciências Naturais, 110

Síntese, 113
Indicações culturais, 113
Atividades de Autoavaliação, 114
Atividades de Aprendizagem, 117

Considerações finais, 119
Referências, 121
Bibliografia comentada, 129
Gabarito, 131
Nota sobre a autora, 135

Agradeço primeiramente a Deus, por ter me dado a oportunidade de realizar este trabalho.

Agradeço às professoras Liane Vargas Barboza e Tatiana Trevisan, pelo apoio, pelo incentivo, pela amizade e pelas contribuições dadas para a realização deste livro.

Agradeço a todos que, direta ou indiretamente, contribuíram para a concretização deste trabalho.

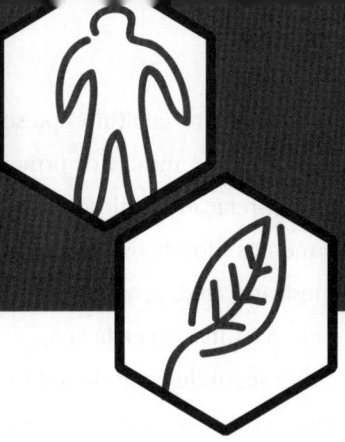

Apresentação

Esta obra procura fornecer informações para auxiliar o estudante no conhecimento dos fundamentos filosóficos do ensino de ciências naturais, bem como para orientá-lo no estudo das questões relativas às diversas interpretações e formas de conhecimento para explicar um fato observado.

Com essa finalidade, a obra traz quatro capítulos estruturados de modo que o conteúdo teórico da evolução das ciências e suas principais características sejam apresentados de uma forma didaticamente conduzida, levando a uma interpretação concisa e gradual sobre o assunto.

O primeiro capítulo apresenta a evolução da ciência no decorrer dos tempos e mostra os principais fatos que marcaram essa trajetória, a inter-relação da filosofia com a ciência e a importância dos conhecimentos filosóficos no desenvolvimento da área científica. Esses fatos mostram, ainda, como as ciências são classificadas e quais as características peculiares a cada área.

No segundo capítulo, estão caracterizadas as duas formas de conhecimento que norteiam a sabedoria humana: o conhecimento comum e o conhecimento científico. Nesse capítulo, contextualizamos o fortalecimento do conhecimento científico diante do conhecimento comum devido à interminável busca do homem pelo esclarecimento dos fatos intrínsecos ao seu cotidiano e à relação entre essas duas formas de conhecimento ao longo da história. Apresentamos, além das características peculiares de cada um e dos aspectos fundamentais que os contrapõem, questões referentes à ruptura entre o conhecimento comum e o conhecimento científico, os conceitos que levam ao seu entendimento e quais as implicações do conhecimento científico para o ser humano e para a sociedade como um todo.

No terceiro capítulo, encontramos as características epistemológicas de Gaston Bachelard, nas quais são relatadas as descontinuidades no desenvolvimento do conhecimento científico, os obstáculos que surgem na construção dessa forma de conhecimento, além das características dos diferentes tipos de obstáculos epistemológicos que surgem no processo de ensino-aprendizagem e as estratégias utilizadas para superá-los. Procuramos mostrar, ainda, como determinadas práticas pedagógicas podem contribuir para alterar esse quadro e melhorar o processo de ensino-aprendizagem do conhecimento científico como um todo. Consideramos também o surgimento do termo *perfil epistemológico* e a importância da recorrência histórica para a construção do conhecimento científico e os principais aspectos relacionados ao tema.

Por fim, o quarto capítulo trata do ensino de ciências naturais e das aplicações dos fundamentos filosóficos no processo de aprendizagem, começando com os princípios que regem as ciências e as principais descobertas realizadas nessa área. Aborda, ainda, os aspectos referentes às estratégias aplicadas no construtivismo do conhecimento científico-tecnológico, pertinentes a essa área das ciências, por meio dos Parâmetros Curriculares Nacionais (PCN).

Todos os capítulos, inicialmente, trazem um texto de abertura, no qual é descrita uma prévia dos conteúdos que serão tratados. No final dos capítulos, o leitor terá uma síntese dos assuntos que foram abordados. Posteriormente, são apresentadas indicações culturais de livros, filmes ou outro material relacionado ao tema trabalhado. Na sequência, o leitor irá testar seus conhecimentos, por meio de questões de autoavaliação, cuja finalidade é a revisão dos conceitos propostos naquele capítulo, seguindo-se uma seção de questões para reflexão, as quais têm por objetivo promover um estudo mais aprofundado. E, por fim, são sugeridas atividades práticas para promover a integração entre a teoria e a prática do seu dia a dia.

Esta obra pretende colaborar para o ensino de ciências naturais mostrando que as discussões sobre temas atuais, como forma de promover a aprendizagem científica, terão na história da ciência e nos fundamentos filosóficos um poderoso aliado para seu entendimento.

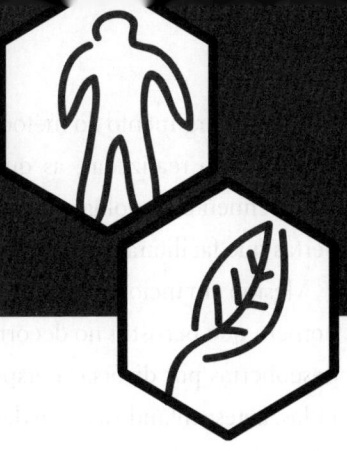

Introdução

Compreender os fatos ou os fenômenos que ocorrem ao seu redor sempre foi uma preocupação para o homem e, por isso, ele buscou descobrir meios de minimizar tais preocupações.

Através de um pensamento racional e filosófico desprovido de qualquer saber científico, o homem tentou explicar os fenômenos da natureza; porém, com o passar dos anos, entendeu que havia a necessidade de investigar tais fenômenos de um modo mais preciso e objetivo, dando início, assim, ao método científico.

Com o surgimento do método científico, inúmeras experimentações foram sendo realizadas, as quais favoreceram o desenvolvimento do conhecimento tecnológico-científico e proporcionaram valiosas descobertas que facilitaram a vida da sociedade contemporânea.

Mesmo em meio a tantas descobertas, uma importante qualidade do homem que persistiu no decorrer dos tempos foi a de refletir sobre tais descobertas por diversas perspectivas e diferentes formas de interpretá-las, acrescentando a elas o desafio de que, a cada nova descoberta, ele estaria proporcionando mudanças capazes de transformar efetivamente a sociedade como um todo.

Tais mudanças enfrentam a difícil tarefa de evidenciar que o avanço da ciência acontece devido às necessidades do homem e que a construção do conhecimento científico deve ser realizada por diferentes métodos e teorias científicas, porém sem perder o sentido de que isso se constitui em instrumentos necessários para a compreensão da realidade que nos cerca.

Apesar de toda a tecnologia aplicada, é necessário compreender que o conhecimento científico é apenas uma das formas de interpretar a realidade que nos cerca, visto que as teorias científicas são resultantes da realização de um trabalho lógico e racional e que elas estão em constante transformação.

E, no que se refere ao processo de ensino-aprendizagem das ciências naturais, esse é um fator de grande importância, haja vista que a compreensão dos conceitos científicos se faz de forma gradativa, sendo necessário explorar o conhecimento comum do aluno para que o objetivo do educador seja alcançado.

Nesse processo, existe a necessidade de entender que as experiências e as noções prévias sobre um determinado assunto que o aluno traz para a sala de aula, decorrentes do conhecimento comum, podem ser um instrumento capaz de motivar e, consequentemente, despertar nesse indivíduo o interesse de compreender e interpretar os conceitos científicos.

Porém, ficam as perguntas: Como inserir no mundo e na história do aluno conceitos tão abstratos e complexos como aqueles envolvidos na aprendizagem das disciplinas das ciências naturais? Que estratégias podem ser utilizadas nesse procedimento?

Assim, o conhecimento dos fundamentos filosóficos na história da ciência é de valiosa importância para o educador de ciências naturais, tendo em vista que, para o aprendizado de uma determinada teoria científica, os conceitos filosóficos podem contribuir de modo a fornecer um conjunto de valores e conhecimentos que tornem tais educadores aptos a exercerem a sua criatividade para o desenvolvimento dos conceitos atuais inerentes a essa área do conhecimento e da sociedade de que fazem parte.

Com essa finalidade, esperamos que este material seja útil e sirva como um apoio para a reflexão sobre a prática utilizada no planejamento das suas aulas e que ele possa possibilitar o início de uma busca de novas estratégias e metodologias na prática educacional.

Capítulo 1

Fundamentos filosóficos no desenvolvimento da ciência*

1.1 Noções sobre ciência

Ao longo dos séculos, a humanidade tem acompanhado uma série de mudanças em todos os espaços que conquistou, em função do desenvolvimento tecnológico e científico, embora este resulte de uma atividade essencialmente conservadora.

---

* Os dados históricos apresentados neste capítulo são baseados em: CHASSOT, 1994; CHAUI, 2001; COTRIM, 2002 e ARANHA e MARTINS, 2003.

Na sociedade contemporânea, as mudanças ocorridas em função do conhecimento científico tiveram papel fundamental no desenvolvimento de tecnologias aplicáveis em diversos setores, entre eles a saúde, a pesquisa e o ensino, os quais, muitas vezes, trouxeram benefícios à vida e ao próprio ser humano.

Nesse ínterim, o homem, em sua constante busca por compreender e explicar os fenômenos que ocorrem ao seu redor, desenvolveu técnicas, raciocínios e procedimentos, fundamentados em diversos métodos experimentais. Todos esses mecanismos permitiram que áreas do conhecimento, como a química e a biologia, que utilizavam tal método experimental passassem a ser reconhecidas como ciências.

Desse modo, a ciência vem se desenvolvendo no decorrer dos tempos e, nessa trajetória, novos avanços na área da pesquisa e técnicas experimentais permitem a elaboração de novas teorias, que podem e devem ser abordadas em disciplinas como Física, Química, Biologia, entre outras.

Muito se discute sobre a compreensão e a interpretação da ciência; as opiniões acerca do que deve ou não ser considerado como científico continuam divididas e, com isso, diferentes definições são elaboradas para explicar o que é ciência. Cada definição compreende um diferente aspecto pelo qual ela é analisada e que vai depender do enfoque e da abordagem que lhe é dada para o modo de interpretar o que é a ciência, mas que, apesar dessas diferenças, compartilham a mesma ideia necessária na construção e no entendimento sobre o que ela representa. Desse modo, várias versões e algumas interpretações são dadas com o objetivo de esclarecer de alguma forma como ela pode ser definida.

Na concepção de Souza (1995, p. 59), "a ciência é uma das formas de conhecimento que o homem produziu no transcurso de sua história, com o intuito de entender e explicar racional e objetivamente o mundo para nele poder intervir".

Segundo Freire-Maia (1998, p. 24), "a ciência é conjunto de

descrições, interpretações, teorias, leis, modelos etc., visando ao conhecimento de uma parcela da realidade".

Chaui (2005) acrescenta que a ciência pode ter três concepções diferentes: racional (que se estende dos gregos até o final do século XVII), empírica (que se estende desde a medicina grega e Aristóteles até o final do século XIX) e construtivista (iniciada no século XIX)*.

A autora relata que:

~ na concepção racionalista, a ciência é uma forma de conhecimento racional, dedutiva e demonstrativa, como a matemática, e que é capaz de provar a verdade necessária e universal de seus enunciados e resultados, sem deixar qualquer dúvida possível;

~ já na concepção empirista, a ciência é uma interpretação dos fatos baseada em observação e experimentos que permitem estabelecer induções e que, ao serem completadas, oferecem a definição do objeto, suas propriedades e suas leis de funcionamento;

~ na concepção construtivista, a ciência é uma construção de modelos explicativos para a realidade, e não uma representação da própria realidade, ou seja, o cientista construtivista não espera apresentar uma verdade absoluta, e sim uma verdade aproximada que pode ser corrigida, modificada ou abandonada por outra mais adequada aos fenômenos observados.

Em síntese, o empirismo enfatiza que o papel da experiência no processo do conhecimento é fundamental, pois se baseia na observação dos fatos, enquanto para o racionalismo a experiência científica é apenas uma ocasião do conhecimento. O construtivismo, que é o mais atual dos três, apresenta características das duas outras concepções,

---

* A concepção construtivista teve início em outros países no século XIX, porém de uma forma "fechada", tendo seu auge, em outros países, no início do século XX e, no Brasil, em meados deste mesmo século.

combinando o racionalismo e o empirismo como forma de explicar o seu objeto científico.

Os diferentes estilos de concepções analisadas apontam que a definição do que é ciência é construída com base na diversidade de formas de compreendê-la, porém, mesmo nessa diversidade, entendemos que fazer com que o mundo se mostre compreensível para o homem é a sua principal meta.

Depois de algumas considerações sobre o modo de compreender e interpretar a ciência, é necessário conhecer um pouco mais sobre sua história, como foi o seu desenvolvimento desde os primórdios até os nossos dias, como ocorreu a revolução científica através dos tempos e também conhecer as contribuições de alguns cientistas importantes para essa mudança.

Assim, por meio das considerações e das concepções de como evoluíram os conceitos científicos, será possível compreender o que é a ciência, como surgiram as teorias e, consequentemente o pensamento científico.

1.2 História da ciência

Mas como tudo começou? Como evoluiu a ciência na história? Para que possamos entender como se originou e como evoluiu a ciência no decorrer dos anos, é necessário que façamos um breve retrospecto dos principais fatos dessa evolução.

O que atualmente denominamos *ciências*, sejam exatas, naturais ou humanas, com seus diferentes objetos de pesquisa, modos de explicar e de compreender, passou por muitas transformações ao longo do tempo, que serviram para o homem adquirir conhecimento e obter informações tendo em vista o mundo em que vive.

Nessa trajetória, com o intuito de tentar encontrar uma explicação e um modo de compreender o ambiente que habita, o homem passou por fases de conhecimentos, cada uma marcada por características peculiares à sua época. Inicialmente, as explicações míticas e religiosas eram utilizadas com o objetivo de responder aos seus questionamentos. Assim, primeiramente, o homem passou pela fase do medo, em que predominava a incompreensão e o medo do desconhecido. Passou em seguida pela fase do misticismo, na qual a tentativa de explicar os fenômenos que ocorriam ao seu redor era através de crenças, mitos e de superstições, até chegar à fase em que a busca para suas respostas acontecia com um pensamento racional e filosófico, fez surgir assim a ciência propriamente dita.

A passagem da consciência mítica e religiosa para a consciência racional e filosófica, segundo Aranha e Martins (1998), não aconteceu de uma hora para a outra. Essa transição foi resultado de um processo que aconteceu através dos tempos.

Os filósofos gregos foram os primeiros a dar explicações, por meio da razão, sobre a natureza e os fenômenos que nela ocorrem. Aí teve início a grande contribuição filosófica dos gregos, cuja influência é relatada até os dias atuais.

De acordo com Chassot (1994, p. 29), quatro fatores propiciaram a origem e o desenvolvimento da ciência e da cultura grega:

- ~ *uma grande curiosidade intelectual, que os levou a absorver conhecimentos e técnicas de outras culturas mais complexas;*
- ~ *a ausência de uma organização administrativo-religiosa que impusesse pautas rígidas de comportamento e conduta;*
- ~ *o pequeno tamanho das cidades-estados, que facilitava a participação ativa de todos os cidadãos nos assuntos públicos, e sua proximidade física com as técnicas de produção; e*
- ~ *sua tendência à reflexão e seu afeiçoamento à argumentação e à dialética, que os impela a contrastar as ideias de cada um com as ideias dos demais.*

A cultura grega passou por grandes transformações entre os séculos IX e VI antes da Era Cristã, ocorrendo grandes mudanças tanto nas áreas política e religiosa quanto na área cultural desse povo, o que ocasionou um surgimento de novas concepções filosóficas e científicas em áreas como a matemática e astronomia.

Em meio a essas transformações, iniciou-se um período da filosofia em que suas concepções se fundamentavam somente no pensamento e na razão. Devido a isso, muitos pensadores surgiram nesse período e, com seus estudos, deram significativas contribuições para tais mudanças.

Os primeiros filósofos gregos surgiram no século VI a.C., nas colônias da Magna Grécia e da Jônia, capital da cidade grega de Mileto, considerada o berço da ciência grega, devido ao rico legado de informações deixadas por esses filósofos. Em meados do século VI a.C., nas colônias gregas da Jônia, foi dado o primeiro passo em direção à descoberta da ciência devido ao trabalho de quatro grandes filósofos jônicos que deram significativa contribuição à compreensão do universo e aos fenômenos da natureza: Tales de Mileto (cerca de 640-548 a.C.), Anaximandro (cerca de 610-547 a.C.), discípulo de Tales, Anaximenes (cerca de 588-524 a.C.), discípulo de Anaximandro, e Heráclito de Éfeso (cerca de 540-475 a.C.).

Entre eles, Tales de Mileto é considerado o fundador da filosofia grega, pois, apesar de acreditar em deuses, foi o primeiro a dar esclarecimentos sobre os fenômenos que ocorrem na natureza sem recorrer ao poder sobrenatural das explicações mitológicas. Ele propôs que a água era a substância primordial, a qual deu origem a tudo que pudesse ser visto no mundo. De acordo com Chalita (2006), Tales considerava que a água era como uma divindade, como se fosse a própria vida e que estaria presente em todas as coisas.

Então, como um primeiro passo para a compreensão da realidade em que vive o homem, mitos e dogmas religiosos foram deixados de lado, o que se tornou uma característica da ciência e da filosofia, pois ambas se opõem ao mito e à religião.

Com isso, surgiram outros pensadores, tanto nessas como em outras colônias gregas, que apresentaram diferentes explicações sobre o que existe na natureza, iniciando, dessa forma, uma tradição que foi se diferenciando das concepções míticas anteriores. Entre esses pensadores, destacam-se Platão (cerca de 427-347 a.C.), Aristóteles (cerca de 384-322 a.C.), Arquimenedes (cerca de 287-212 a.C.), entre outros. Nesse período da história, a filosofia e seus pensadores se ocupavam de assuntos puramente teóricos, tais como explicar o universo e o princípio de todas as coisas.

O século V a.C., na Grécia Antiga, foi de grande desenvolvimento cultural e científico. Nessa época, surgiram Pitágoras (cerca de 582-497 a.C.), a quem é atribuída a invenção da palavra *filosofia*, Parmênides (cerca de 544-450 a.C.) e Demócrito (cerca de 470-380 a.C.). Este último é considerado o primeiro pensador materialista, pois defendia que a formação de todas as coisas acontecia a partir da união de pequeníssimas partículas indivisíveis, denominadas *átomos*.

Demócrito foi o primeiro a acreditar que os deuses não existiam e que a natureza tinha as suas próprias leis, ou seja, para ele tudo podia ser explicado em termos do movimento dos átomos. A diversidade de materiais existentes na natureza era o resultado da combinação desses átomos.

Ainda nesse século, Empédocles (cerca de 485-425 a.C.), um grego das colônias sicilianas, afirmava que todas as coisas se originavam da água, do ar, da terra e do fogo, combinando tudo na **teoria dos quatro elementos**, que, segundo ele, seriam eternos e unidos pela força do **amor** e separados pela força do **ódio**.

Um nome que merece destaque pelas inúmeras contribuições que deixou à filosofia e à ciência é o de Sócrates (cerca de 470-399 a.C.), que, mesmo não deixando nenhuma obra escrita, é considerado o patrono da filosofia. Sócrates tinha como uma de suas características marcantes o fato de andar pelas ruas e praças de Atenas perguntando aos transeuntes que se diziam conhecedores de determinados assuntos sobre as ideias em que acreditavam. Essa forma de questionamento gerava um certo desconforto nessas pessoas, que iam tentar responder às indagações de Sócrates e percebiam que não tinham respostas para as questões que lhes eram formuladas.

Sócrates investigava tudo e a todos por meio do seu método de conhecimento, o qual partia do pressuposto "só sei que nada sei", o qual consistia justamente na sabedoria de reconhecer a própria ignorância, ponto de partida para a procura do saber. Devido ao seu comportamento, considerado inapropriado para aquela época, Sócrates foi levado a julgamento e teve como sentença de morte o envenenamento pela ingestão de cicuta, um veneno considerado letal e que é extraído da planta que leva o mesmo nome.

Platão (cerca de 428-348 a.C.), outro célebre filósofo, foi um dos discípulos de Sócrates, e um dos aspectos mais importantes da sua filosofia, segundo Cotrim (2002, p. 97), é a teoria das ideias, com a qual procura explicar como se desenvolve o conhecimento humano.

Platão considerava que os sentidos levariam a uma opinião imprecisa, subjetiva e mutável a respeito da realidade e que, por esse motivo, era preciso buscar a ciência, que consistia no conhecimento racional das ideias imutáveis, objetivas e universais (Aranha; Martins, 1998).

Outro grande sábio dessa época foi Aristóteles (cerca de 384-322 a.C.), famoso discípulo de Platão. Aristóteles representa um avanço para a história da ciência, pois, além de desenvolver os estudos de Platão e Sócrates, produziu teorias importantes sobre diversas áreas da ciência e da filosofia.

Considerado o criador da lógica dedutiva clássica, a qual serviu como instrumento para se chegar ao conhecimento científico, Aristóteles não aceitou a teoria atômica proposta por Demócrito e, assim, modificou a **teoria dos quatro elementos** criada por Empédocles (Figura 1), acrescentando a essa teoria um quinto elemento, o qual ele denominou de *éter*, que, segundo Nóbrega, Silva e Silva (2005), seria a base do mundo material e existiria apenas potencialmente até tomar a forma que daria origem aos outros quatro elementos.

Na concepção de Aristóteles, cada elemento seria formado a partir da combinação de duas destas qualidades: quente ou frio, úmido ou seco, e cada um desses elementos (água, ar, terra e fogo) poderia ser transformado em outro elemento mudando somente a sua forma. Para ele, deveria existir uma matéria-prima, formada pelos quatro elementos, que seria o fator principal para a formação de todas as substâncias.

Aristóteles dava grande importância à observação dos fenômenos e, para ele, todas as coisas tendiam naturalmente para um fim, o que, na sua concepção, explicava a natureza de todos os seres. Nesse pensamento, o filósofo conseguiu dar inúmeras contribuições ao campo do conhecimento científico, tanto à área da física quanto à área biológica, desenvolvendo, nesta última, trabalhos sobre a classificação dos seres vivos, incluindo nomes e descrições sobre cada espécie, além de realizar estudos sobre embriologia.

No período que se estende do século V d.C. ao século XV d.C., temos a Idade Média, período transcorrido entre o término da Idade Antiga e o início da Idade Moderna com o surgimento do Renascimento, sendo uma fase da história da ciência em que esta e a filosofia ficaram submetidas à religião.

Quando falamos da ciência na Idade Média, não podemos deixar de falar sobre a alquimia, uma atividade que foi intensamente praticada entre os anos 300 a.C. e 1500 d.C. Nesse período, as práticas alquímicas eram comuns e os alquimistas buscavam, entre outras coisas, obter o elixir da longa vida, o qual poderia tornar o homem imortal, e descobrir uma substância, a pedra filosofal, que teria o poder de transformar metais comuns (ferro, chumbo, cobre etc.) em ouro.

O alquimista utilizava a teoria dos quatro elementos para explicar as diferentes formas de composição da matéria e encarava a natureza como algo misterioso e fantástico. Para ele, a transformação dos metais em ouro significava a revelação do mais precioso segredo da natureza. O conhecimento tinha um caráter sagrado, quase religioso, e suas técnicas eram mantidas em segredo.

Acreditamos que, ao explorar certos aspectos da natureza proibidos pelas autoridades religiosas, os alquimistas deram a sua contribuição à ciência, especificamente à química, que ainda não tinha surgido nessa época, pois, na tentativa de provarem suas crenças, ao pensarem que qualquer metal poderia ser transformado em ouro e que o elixir da longa vida seria capaz de curar todas as doenças tornando o homem imortal, fizeram importantes descobertas, criando e aperfeiçoando equipamentos e técnicas de laboratório, entre elas a destilação.

Apesar de não terem conseguido alcançar seus objetivos, as descobertas realizadas pelos alquimistas foram de grande valia para o ensino de ciências naturais, pois esses feitos serviram para aprimorar e tornar mais fácil o entendimento das disciplinas que compõem esse grupo, além de contribuir com a construção do conhecimento científico das gerações subsequentes.

O mais conhecido praticante da alquimia foi Paracelso (1493-1541), que, em pleno período renascentista, desenvolveu técnicas no campo da química, as quais seriam úteis para os químicos até as gerações subsequentes.

No século XVII, temos a Idade Moderna e um importante filósofo dessa época: Galileu Galilei (1564-1642). Devido às suas experiências, Galileu foi responsável por um dos maiores avanços da ciência em todos os tempos, que revolucionou o pensamento científico. Com Galileu, a ciência rompeu com a tradicional concepção de mundo que predominava na ciência antiga, fazendo nascer a ciência moderna, uma nova concepção de ciência, não mais baseada em raciocínio abstrato, mas, sim, na observação e na experimentação.

Na ciência moderna, a técnica de investigação de um objeto específico permite que a ciência possa prever acontecimentos, aperfeiçoando o método científico que se constitui sobretudo na experimentação. Juntamente de Galileu, dois nomes contribuíram de forma evidente para a criação da ciência moderna: René Descartes (1596-1650) e Francis Bacon (1561-1626).

Descartes propôs um método denominado *método dedutivo*, em que o cientista deveria partir de alguma grande ideia ou teoria e que através de experiências poderiam ou não ser confirmadas. Descartes buscava a veracidade das coisas, o que ocasionou o ponto de partida para a construção do seu pensamento que se fundamentava na expressão "penso, logo existo".

Por outro lado, Bacon (1988) propôs, na sua obra *Novum organum*, um novo método para o estudo da natureza, denominado *método indutivo*. Bacon defendia que, em um trabalho de investigação, o cientista deveria coletar, ordenar e fazer comparações entre os dados obtidos, para só depois transmiti-los. Assim, entendemos que nessa metodologia proposta por Bacon ocorre, primeiramente, a experimentação e, em seguida, a indução.

Na teoria de indução de Francis Bacon, segundo Chalita (2006), havia a necessidade de se obter um grande número de informações durante o processo de investigação através de uma boa quantidade de pessoas trabalhando em comunicação entre si e, no final do estudo, seria possível formular uma hipótese geral bem fundamentada, que deveria ser testada numa experiência decisiva.

Tanto Descartes quanto Bacon se preocuparam com os procedimentos que deveriam ser adotados pelo cientista em suas pesquisas sobre os fenômenos da natureza e, devido a isso, ficou estabelecido que, para o conhecimento ser classificado como "científico", alguns critérios deveriam ser seguidos.

Por meio dos trabalhos e dos estudos realizados por Galileu, Descartes e Bacon, a ciência foi avançando em pequenos passos, explicando coisas simples e progredindo para as explicações das coisas mais complexas.

Com a colaboração de importantes filósofos e cientistas no século XVIII a ciência teve a sua emancipação em relação aos pensamentos filosóficos, consagrando, assim, o uso da experimentação como forma produzir o conhecimento. Um fato marcante dessa passagem é a chamada *revolução química* que culminou na transição da alquimia (ainda presente nesse século) à química propriamente dita. A revolução química consagrou o uso da técnica de experimentação na busca do conhecimento e fez com que a magia da alquimia desse lugar ao pensamento científico da química.

Com a evolução da ciência moderna, foram originadas novas ciências, tais como a biologia, cuja paternidade se atribuiu a Harvey (1578-1657), o qual se consolidou com a descoberta da circulação do sangue. E assim se chegou a outro notável representante do início do pensamento científico da ciência moderna, que nasceu um ano após a morte de Galileu: o inglês Isaac Newton (1643-1727).

A ciência newtoniana, ainda no século XXI, é muito difundida, pois, com o grande número de leis e fórmulas que levam seu nome, tais como binômio de Newton, anéis de Newton, campo newtoniano, entre outras contribuições, torna-se fácil entender sua importância em toda a história da ciência.

Entretanto, os resultados obtidos pela ciência newtoniana deram início a novos questionamentos na área da ciência, por exemplo, explicar a ligação entre a matemática e a ciência e esclarecer os fundamentos do seu método experimental. E, no que se refere à história da evolução da ciência, novas concepções de ver o mundo surgiram, com outros métodos e com outros pensadores que contribuíram para a construção do conhecimento, entre eles, Immanuel Kant (1724-1804), um grande interessado pela ciência newtoniana, que tentou encontrar uma resposta para esses novos questionamentos.

O século XIX foi o período que serviu como referência no desenvolvimento do conhecimento científico em todas as áreas, tendo a ciência uma importância fundamental, pois tudo só tinha explicação através dela. Em meados desse século, durante a Revolução Industrial, surgiu o positivismo de Augusto Comte (1798-1857), termo que designa o que se observa ou experimenta (Chalita, 2006).

Segundo Cotrim (2002), com o positivismo de Comte, a confiança nos benefícios da industrialização, bem como o otimismo em relação ao progresso capitalista, guiado pela técnica e pela ciência, foi reestruturada. O mesmo autor afirma que o positivismo acaba por se diferenciar do empirismo puro porque não reduz o conhecimento científico somente aos fatos observados. O positivismo perpetua o culto à ciência, no qual o conhecimento científico é tratado como uma forma concreta de conhecimento capaz de transformar a realidade do homem, transformações estas que visam ao progresso da ciência.

Segundo Chaves Filho e Chaves (2000, p. 73),

> Comte defendia que todas as ciências deveriam utilizar-se de um método único, o positivo. Para tanto, o rigor metodológico, a padronização das condições e a possibilidade de repetição do fenômeno através de experiências, a neutralidade científica baseada na objetividade e no abandono da subjetividade, a definição operacional do objeto, a ordenação e a precisão dos dados, deveriam ser condições determinantes para se produzir um conhecimento.

No século XIX, em meio à Revolução Industrial e através do positivismo de Comte, a ciência foi fortalecida, resultando em grandes conquistas em diversas áreas do conhecimento. Merecem destaque, entre muitas, as descobertas de Berzelius (1779-1848) e Mendeleev (1834-1907) na área da química, a descoberta da teoria evolucionista de Darwin (1809-1882) na biologia, bem como as descobertas de Faraday (1791-1867) sobre a eletricidade na área da física.

Ainda nesse século, outros nomes devem ser lembrados devido à grande contribuição que deram à evolução da ciência: John Dalton, Luigi Galvani, Louis Pasteur, entre outros.

Além de continuar em busca de solucionar as eternas indagações do homem – compreender-se a si mesmo e explicar os fenômenos da natureza –, a ciência deu início a uma série de transformações na sociedade e na vida do ser humano, criando ferramentas que facilitam sua vida e passando a interferir nela de modo a determinar melhorias para sua sobrevivência.

A partir do século XX, aumentaram as descobertas científicas e o desenvolvimento de novas tecnologias que viriam a beneficiar a vida do homem; nesse contexto, a área de pesquisa teve significativo crescimento e um número cada vez maior de cientistas passou a trabalhar pelo desenvolvimento de tecnologias que irão facilitar novas descobertas para a ciência.

Ao longo do século XX, os trabalhos realizados na área da Física serviram como base para os fundamentos filosóficos no desenvolvimento do conhecimento científico, pois, sendo a física uma ciência experimental, ela passou a ser tomada como modelo metodológico para as outras ciências empíricas. Com isso, percebeu-se que o método utilizado pela física proporcionava uma melhor compreensão do mundo, de uma maneira que não tinha sido possível ainda.

Que a ciência tem evoluído é evidente, porém, embora o desenvolvimento da ciência tenha criado um vasto campo de conhecimento, mais técnico e prático, baseado em procedimentos experimentais e voltado para o avanço tecnológico, de certo modo tal desenvolvimento não foi capaz de suprir a necessidade do homem em compreender a si mesmo e a tudo que está em sua volta.

Dessa forma, a busca pelas respostas sobre suas indagações é o ponto central da preocupação humana, o que faz a com que a ciência não seja considerada o único meio utilizado para solucionar, em parte, os questionamentos da humanidade sobre tudo o que a cerca, pois nesse contexto a filosofia também tem um papel fundamental.

Nesse sentido, ao olhar para a história da evolução da ciência, os relatos mostram que a evolução das teorias científicas apresenta uma forte relação com a evolução das ideias filosóficas. Por esse motivo, a grande importância do conhecimento dos fundamentos filosóficos no ensino das ciências, sejam elas naturais, sejam elas humanas.

1.2.1 A ciência e a filosofia

Nessa breve explanação sobre a história da evolução da ciência, percebemos que a filosofia desempenhou um papel de extrema importância no desenvolvimento da área científica e que os relatos mencionados comprovaram a estreita ligação entre ambas.

Admitimos que no início da história a ciência estava ligada à filosofia, sendo o filósofo o sábio que refletia sobre todos os questionamentos do homem e os respondia, pois ela englobava tanto a indagação filosófica propriamente dita quanto o que hoje chamamos de *conhecimento científico*. Nesse sentido, na história da ciência, como já mencionamos, vários filósofos tiveram papéis fundamentais, como Tales, Pitágoras, Aristóteles, Platão, entre outros.

Ainda no pensamento grego, a passagem do pensamento mítico para o pensamento racional foi dando à filosofia uma certa base científica. Nessa fase da história, havia um vínculo entre ciência e filosofia, o qual foi desfeito a partir do século XVII, quando cada uma buscou sua própria metodologia.

Com Galileu, pensador do século XVI, o aperfeiçoamento do método científico, fundado na observação, na experimentação e na matematização dos resultados, proporcionou que a ciência começasse a se constituir como a única fonte de conhecimento verdadeiro e dessa forma se destacasse da filosofia, pois, como visto anteriormente, a partir do século XVII, a ciência passou por transformações que a tornaram mais experimental e menos filosófica.

Portanto, o desprendimento progressivo das ciências com os métodos filosóficos abriram para a filosofia um campo a mais de reflexão, no qual ela se preocupa em oferecer um tipo de conhecimento que tenta buscar os porquês ou responder a um problema do ser humano. Souza (1995, p. 29), referindo-se a essa questão, sugere que:

> A *filosofia, ao se ocupar do ser humano, tem como finalidade provocar uma reflexão sobre sua natureza, bem como sobre o processo de produção de sua existência, e busca transformar experiências vividas em experiências compreendidas. Dessa forma, é possível afirmar que a filosofia procura compreender o sentido e o significado da existência do homem em seus diferentes aspectos.*

A filosofia continua abordando os mesmos pontos tratados pela ciência; porém, agora as ciências se especializam e cada uma possui seu objeto de estudo, enquanto a filosofia, com sua visão de conjunto, não deixa de considerar o seu objeto do ponto de vista da totalidade, ou seja, o problema tratado nunca é examinado de modo parcial, mas sempre sob a perspectiva de conjunto.

Conforme Aranha e Martins (1998), a filosofia, de modo crítico, revela seus princípios e fundamentos sobre todas as áreas do saber e agir humanos e faz ver a possibilidade de outros mundos, outros modos de vida, com base em outros princípios.

Segundo Malacarne (2005), as funções da filosofia no mundo contemporâneo dos conhecimentos continuam sendo objeto de controvérsias. Enquanto, para alguns, ela é vista como desnecessária, para outros, ela é importante para que o conhecimento seja estruturado com significado para a vida das pessoas, em seu sentido mais amplo.

Percebemos, dessa maneira, que com o passar do tempo a ciência cada vez mais procura se especializar em assuntos específicos, delimitados, enquanto a filosofia, com o seu pensamento de totalidade e de conjunto, busca alcançar uma visão global, harmônica e crítica do saber humano.

Nesse pensamento, de acordo com o mesmo autor, um aspecto de grande importância no que concerne à filosofia como área de conhecimento é que

> *a filosofia é vista como atividade de produção que, ao construir seus conceitos, propicia perspectiva e profundidade aos conhecimentos a partir dos problemas que requerem a sua compreensão e o seu desvelamento tendo, na produção conceitual, uma tentativa de elucidação. [...] a filosofia é atividade de busca pela fundamentação da ação humana frente ao mundo e às coisas no mundo, sendo, então, ação enquanto reflexão da ação.* (Malacarne, 2005, p. 33)

Mesmo a ciência se especializando em assuntos específicos, a filosofia, para vários cientistas, é considerada a consciência das ciências. Nesse sentido, a filosofia, com seu pensamento de interdisciplinaridade, tem a função de estabelecer uma ligação entre as diversas áreas do conhecimento. Essa é uma contribuição significativa da filosofia como uma disciplina que visa à união entre as várias áreas do conhecimento, como no caso do ensino das ciências naturais.

1.2.2 Classificação das ciências

Como vimos no decorrer deste capítulo, a ciência atual é bem diferente da ciência dos séculos passados; ela está em constante transformação e se renova a cada nova descoberta.

Percebemos que com o passar dos anos a ciência foi se ampliando e, ao longo do tempo, algumas divisões foram feitas para classificar os tipos de ciências. Cada ramo se tornou independente e apresentou uma característica própria, pois o método experimental utilizado hoje pelas ciências humanas não é igual ao método utilizado pelas ciências da natureza. Nesse aspecto, muitos filósofos tentaram fazer essa classificação, mas o resultado foi uma enorme variedade de ramos da ciência.

Segundo os PCN do ensino médio (Brasil, 1999, p. 219),

> *cada ciência particular possui um código intrínseco, uma lógica interna, métodos próprios de investigação, que se expressam nas teorias, nos modelos construídos para interpretar os fenômenos que se propõe a explicar. Apropriar-se desses códigos, dos conceitos e métodos relacionados a cada uma das ciências, compreender a relação entre ciência, tecnologia e sociedade, significa ampliar as possibilidades de compreensão e participação efetiva desse mundo.*

Nesse contexto, pouco a pouco, as várias ciências passaram a se diferir quanto a seus objetivos e seus métodos, fazendo surgir diferentes classificações. Considerando que as ciências estão constantemente se transformando, tais classificações acabam sendo provisórias.

Das diversas classificações dadas à ciência, podemos citar a descrita por Chaui (2001, p. 260), para quem as ciências se dividem em:

~ *ciências matemáticas ou lógico-matemáticas (aritmética, geometria, álgebra, trigonometria, lógica etc.);*
~ *ciências da natureza ou ciências naturais (física, química, biologia, geologia, geografia física, astronomia etc.);*
~ *ciências humanas ou sociais (psicologia, sociologia, antropologia, economia, história, geografia humana, linguística etc.);*
~ *ciências aplicadas (direito, engenharia, medicina, arquitetura, informática etc.).*

A diferenciação entre ciências da natureza e ciências sociais ou humanas se tornou, progressivamente, mais importante, tendo cada uma seu próprio objeto de estudo. Com a classificação das ciências, é possível considerar a questão da inter-relação das várias ciências, apesar de cada grupo apresentar diferenças quanto à natureza do objeto de estudo. E, nessa perspectiva, de acordo com Aranha e Martins (2003, p. 158), "cada ciência se torna então, uma ciência particular, no sentido de delimitar um campo de pesquisa e procedimentos específicos".

Apesar das diferentes classificações dadas à ciência, o enfoque deste livro será para as disciplinas de química e biologia que fazem parte do grupo das ciências naturais.

Síntese

Neste capítulo, observamos que, ao longo dos séculos, o homem desenvolveu diferentes teorias e metodologias com o objetivo de entender o universo e seus princípios.

Abordamos o histórico da forma como o homem buscou interpretar o mundo, primeiramente, através de um pensamento mítico, passando por um pensamento racional e filosófico até a tentativa de explicá-lo de forma clara e objetiva.

Tratamos, ainda, da ciência moderna e do modelo de racionalidade que a caracteriza e que nasceu a partir da revolução científica do século XVI, com a contribuição de alguns dos pensadores responsáveis por essa revolução, tais como Galileu, Aristóteles, Immanuel Kant, Bacon, Descartes, Augusto Comte, entre outros.

Retratamos como a filosofia, base da sabedoria humana, contribuiu para o surgimento da ciência e como ocorreu o desprendimento progressivo das ciências com os métodos filosóficos no decorrer da história da existência do homem.

E, por fim, apresentamos as divisões da ciência, indicando como essas áreas do conhecimento são definidas, qual é o seu objeto de estudo e os fatos históricos marcantes que consolidaram o caráter científico das disciplinas de química e biologia.

Indicações culturais

Leia o livro a seguir e conheça mais sobre a contribuição de Galileu para a evolução da ciência.

GUERRA, A. **Galileu e o nascimento da ciência moderna**. São Paulo: Atual, 1998.

Faça a leitura da obra indicada sobre a evolução da ciência.

CHASSOT, A. **A ciência através dos tempos**. 2. ed. São Paulo: Moderna, 2004.

Assista ao filme O nome da rosa, uma produção que nos remete à Idade Média e evidencia a busca pela verdade e a explicação por meio do método de investigação.

O NOME da rosa. Direção: Jean-Jacques Annaud. Produção: Bernd Eichinger. Alemanha: 20th Century Fox Film Corporation, 1986. 131 min.

Atividades de Autoavaliação

1. A respeito do conhecimento científico, assinale a alternativa correta. O conhecimento científico só foi descoberto por meio dos trabalhos realizados por dois célebres filósofos:
   a) Platão e Aristóteles.
   b) Anaxímenes e Anaximandro.
   c) Descartes e Bacon.
   d) Tales e Sócrates.

2. Sobre a evolução da ciência, são formuladas as seguintes proposições:
   I) Na concepção de Aristóteles, todas as coisas do universo são formadas somente pelos quatro elementos: terra, água, ar e fogo.
   II) Platão parte do pressuposto "só sei que nada sei", cujo ponto de partida para a procura do saber consistia na sabedoria de reconhecer a própria ignorância.
   III) Assim como Demócrito, Sócrates defendia que a formação de todas as coisas se dava a partir da união dos átomos.
   IV) Galileu deu à ciência uma nova concepção baseada na observação e na experimentação.
   V) Os primeiros filósofos gregos explicavam a natureza e os fenômenos que nela ocorrem, através da razão.

   Podemos afirmar que:
   a) estão corretas I, II e III.
   b) estão corretas IV e V.
   c) estão corretas II e IV.
   d) estão corretas I, III e IV.

3. Um dos objetivos dos alquimistas era a transformação dos metais comuns em ouro. Em qual teoria os alquimistas se baseavam para acreditar que era possível fazer essa transformação?
   a) Teoria dedutiva de Descartes.
   b) Teoria atômica.
   c) Teoria indutiva de Bacon.
   d) Teoria dos quatro elementos.

4. O método dedutivo de Descartes defende que o cientista:
   a) deve coletar, ordenar e fazer uma comparação dos dados obtidos pela pesquisa sobre o que se está buscando.

b) deve partir de alguma grande ideia ou teoria e que por meio de experiências serão ou não confirmadas.

c) deve explicar os fenômenos da natureza por meio de forças sobrenaturais, assim como os alquimistas.

d) deve demonstrar e provar os resultados obtidos de uma pesquisa por meio da força dos sentidos e da razão.

5. Os filósofos gregos desenvolveram diferentes teorias para explicação sobre o que existe na natureza. Com base nisso, fazendo-se a associação entre as colunas a seguir que correspondem aos filósofos (coluna I) e a suas respectivas teorias (coluna II), a sequência numérica, de cima para baixo, será:

Coluna I
(1) Tales de Mileto
(2) Empédocles
(3) Demócrito
(4) Aristóteles
(5) Platão

Coluna II
( ) Teoria dos quatro elementos.
( ) O mundo era constituído por átomos.
( ) Criador da lógica dedutiva.
( ) Opôs o sentido e a razão.
( ) A natureza se originava da água.

a) 1, 2, 3, 4, 5.
b) 3, 2, 5, 4, 1.
c) 2, 3, 4, 5, 1.
d) 3, 2, 4, 5, 1.

Atividades de Aprendizagem

Questões para Reflexão

1. Com base no que foi visto neste capítulo, organize uma discussão com seu grupo de estudos sobre a seguinte questão: Como a filosofia pode influenciar o desenvolvimento da ciência nos dias atuais?

2. Como citamos neste capítulo, no século XIX, muitos pesquisadores deram sua contribuição para a evolução da ciência. Entre eles podem ser citados: John Dalton, Luigi Galvani, Charles Darwin e Louis Pasteur. Com base nesses dados, faça uma pesquisa sobre as principais descobertas, realizadas por esses e outros cientistas desse século, nas áreas da química, física e biologia.

Atividade Aplicada: Prática

1. Assista ao filme *O nome da rosa* e organize um resumo sobre as principais características filosóficas retratadas nele.

Capítulo 2

No capítulo anterior, estudamos que, com o advento da ciência moderna, as técnicas utilizadas pelo homem ao longo dos anos foram, aos poucos, sendo substituídas por técnicas cada vez mais elaboradas, originando teorias científicas mais avançadas.

Nesse contexto, um dos assuntos abordados neste capítulo será a evolução do conhecimento científico, bem como sua relação com o conhecimento do senso comum e como esses dois conhecimentos estão ligados, apesar de suas diferentes interpretações acerca de um mesmo fenômeno.

Retrataremos as distinções entre o conhecimento científico e o conhecimento comum, as singularidades de cada um e suas relações com o desenvolvimento do conhecimento, para desse modo esclarecermos como ocorre a ruptura epistemológica entre esses dois modos de conhecimentos, ideia fundamental para a compreensão da epistemologia de Gaston Bachelard.

Considerando a estreita relação da ciência com a filosofia, neste capítulo é enfatizado que, mesmo com o avanço da ciência, algumas características relevantes na construção do conhecimento científico se desenvolveram a partir de conceitos propostos por célebres filósofos, como Thomas Kuhn, Karl Popper e Gaston Bachelard. Serão apresentadas suas críticas ao conhecimento científico, bem como suas contribuições para o saber no ensino de Ciências, de forma a reforçar as discussões que hoje se fazem sobre esse assunto.

Sendo assim, o objetivo deste capítulo é mostrar as características do conhecimento científico e do conhecimento do cotidiano e quais as diferenças pertinentes a essas formas de conhecimento quando aplicadas no ensino de Ciências, dando ênfase ao ensino das Ciências Naturais.

Senso comum *versus* conhecimento científico

2.1 Diferenciação entre senso comum e conhecimento científico

A sabedoria humana é passível de mudança e, nessa interminável busca do homem pelo esclarecimento dos fenômenos intrínsecos ao seu cotidiano, grandes mudanças ocorreram no que se refere ao conhecimento humano, de tal modo que com o seu desenvolvimento pontos de vista diferentes passaram a existir como forma de fundamentar o entendimento desses fenômenos.

Quando pensamos no modo como o conhecimento humano se desenvolveu ao longo da história, é preciso levar em consideração que, devido à sua abrangência, o conhecimento pode ser considerado sob vários aspectos, dentre os quais destacamos a definição dada por Morin (1986, p. 16), para quem

> O conhecimento é um fenômeno complexo e multidimensional, simultaneamente elétrico, químico, fisiológico, celular, cerebral, mental, psicológico, existencial, espiritual, cultural, linguístico, lógico, social, histórico. Oriundo necessariamente de uma atividade cognitiva, determina uma competência de ação, constituindo-se no saber que intermedia ambos os processos.

Nesses termos, entendemos que o homem, ao longo do tempo, encontrou diferentes formas para se conhecer, para tentar entender a si mesmo e a tudo que estivesse ao seu redor. Todo aprendizado adquirido permitiu que ele obtivesse informações e as entendesse para que, assim, pudesse ampliar os conhecimentos que já possui e os utilizar para compreender cada vez mais a sua realidade.

Há de se considerar que a aprendizagem humana pode ter várias origens, podendo ser de ordem científica, religiosa ou filosófica e aquelas criadas e usadas na tentativa de resolver às necessidades diárias do homem, que são advindas do senso comum e que apresentam características bem diferentes das outras formas de conhecimento.

Segundo Aranha e Martins (1998, p. 70), essa forma de conhecimento advinda do senso comum é "um tipo de conhecimento que resulta do uso espontâneo da razão, mas que também é fruto dos sentidos da memória, do hábito, dos desejos, da imaginação".

Ao longo do tempo, o ser humano, os animais, a natureza e tudo o que a eles se relaciona foram assuntos investigados tanto pelo conhecimento científico quanto pelo conhecimento do senso comum, mas que também foram passíveis de estudo pelo conhecimento filosófico e religioso.

Como vimos no capítulo anterior, a filosofia aborda os mesmos pontos de estudos apropriados pela ciência, contudo, apresentam características diferentes enquanto forma de conhecimento. O mesmo acontece entre o conhecimento comum, o religioso e as outras duas formas do conhecimento (científico e filosófico), tendo em vista que a aprendizagem humana pode ter várias origens. Essas diferenças podem ser verificadas, por meio do Quadro 1, no qual são descritas as principais diferenças que caracterizam o conhecimento científico, filosófico, comum e religioso.

Quadro 1 – Diferenças entre os tipos de conhecimento

Tipos de conhecimento	Descrição
Conhecimento científico	A ciência delimita o seu objeto de estudo ao se especializar em assuntos específicos.
Conhecimento filosófico	Aborda os mesmos pontos de estudos apropriados pela ciência; contudo, a filosofia com a sua visão de conjunto considera o seu objeto sob o ponto de vista da totalidade.
Conhecimento do senso comum	É fundamentado em experiências adquiridas do cotidiano do homem.
Conhecimento religioso	É fruto da crença religiosa, em que não se confirma nem se nega o que foi revelado por ele, baseando-se no que está escrito nos textos sagrados.

Percebemos que, mesmo apresentando divergências metodológicas entre os tipos de conhecimento citados, todos estão inter-relacionados e uma mesma pessoa pode apresentar características de cada uma dessas formas de conhecimento em seu modo de se relacionar com a realidade em que vive. Essas características são examinadas tanto nos níveis filosófico, religioso e científico quanto no nível do senso comum.

Uma maneira de exemplificar essa situação seria o caso de um grande cientista dedicado a pesquisas relacionadas à área de genética e que no seu dia a dia é seguidor de uma religião protestante. Esse cientista pode fazer parte de um grupo filosófico e, como qualquer pessoa comum, não está livre das influências de seu contexto social e, no seu cotidiano, utiliza respostas embasadas em seus conhecimentos advindos do senso comum.

É possível compreender que, no decorrer da história, os conhecimentos científico, filosófico e do senso comum são as formas que o cientista utilizou e continua a utilizar na busca incessante pela resposta às suas indagações, além de entender que essas formas de conhecimento estão entrelaçadas na tentativa de responder aos seus questionamentos.

Tendo em vista essa busca, Souza (1995, p. 62) defende a relação entre essas três formas de conhecimento com o seguinte argumento: "O conhecimento filosófico ao lado do senso comum e da ciência se apresenta como uma das formas possíveis de entendimento da realidade desconhecida e enigmática".

Assim, no processo do conhecimento, para que haja um melhor esclarecimento quanto à origem e às suas formas, cabe aqui distinguir a forma de conhecimento científico e a forma de conhecimento do senso comum. Então, com esse objetivo, podemos fazer as seguintes perguntas:

> O que diferencia o conhecimento científico do conhecimento do senso comum?
> Até onde o senso comum se contrapõe ao conhecimento científico?

Para dar a resposta para essas e outras perguntas relacionadas a esse assunto, devemos primeiramente entender o que é o conhecimento científico e distingui-lo do que chamamos de *senso comum*.

Ao longo dos anos, acumulamos uma série de conhecimentos oriundos do saber comum e que influenciam grande parte de nossas vidas; porém, esses conhecimentos não podem ser considerados científicos, pois são fundamentados no senso comum. Esse é o conhecimento do cotidiano, também chamado de *conhecimento vulgar, popular, comum*, que nasce como uma forma de o homem tentar resolver os problemas da sua vida diária e que, apesar de não serem fundamentados em nenhum saber filosófico ou científico, passam de geração para geração, sendo compartilhado por todos nós, pessoas comuns, não especialistas em determinados assuntos.

Muitos exemplos poderiam ser utilizados como forma de esclarecer o que é o senso comum ou o conhecimento comum e as implicações que se devem a essa forma de conhecimento tão utilizada por todos nós.

Assim, um exemplo prático dessa forma de conhecimento e implicações pode ser justificado por meio da produção de pão caseiro. É comum, quando se faz pão em casa, a cozinheira, depois de sovar a massa, colocá-la num recipiente e em seguida cobri-la com uma toalha, deixando-a repousar até duplicar de volume. A cozinheira explica que tal prática é realizada para que a massa do pão cresça mais rapidamente, sem saber realmente por que isso acontece. Essa é uma explicação baseada na experiência cotidiana e comum das pessoas, em que ela faz, mas não sabe explicar como e por que ocorrem tais fenômenos. Já o cientista explica tal prática baseando-se em investigações, pesquisas e teorias científicas, afirmando que, ao cobrirmos a massa do pão com a toalha, estamos aumentando a temperatura do sistema, alegando que, quanto maior a temperatura, mais rápida será a fermentação e a formação de CO_2 (g) na massa, o que a faz crescer mais rapidamente.

Com o exemplo citado, percebemos que, enquanto o saber comum explica um fato a partir de resultados obtidos por experiências vividas em nosso dia a dia e que formam o nosso entendimento imediato e provisório dos fenômenos que ocorrem em nosso meio, o conhecimento científico explica tal fato por meio de alguns critérios próprios de investigação, baseados em técnicas e métodos científicos. Sobre esse aspecto, podemos dizer que as características do conhecimento científico vêm de encontro às características do senso comum e, a partir daí, é necessário diferenciar esses dois tipos de conhecimento.

Aranha e Martins (2003, p. 156) definem o conhecimento do senso comum como o "conhecimento recebido por tradição e que ajuda a nos situarmos no cotidiano, para compreendê-lo e a agir sobre ele".

Cotrim (2002) afirma que os conhecimentos do senso comum são processos nos quais um indivíduo concebe um conjunto de informações como conhecimentos, sem saber realmente o que significam, e os utiliza na prática cotidiana como se fossem verdadeiros e definitivos.

Em contrapartida, temos o conhecimento científico, que, com suas explicações mais detalhadas e objetivas, desconfia da veracidade daquilo que procede do senso comum. E, a fim de testar essas teorias provenientes do cotidiano, realiza experiências e pesquisas elaboradas de modo a obter um resultado satisfatório para melhor explicar os fenômenos. Assim, o conhecimento científico se fundamenta em procedimentos experimentais e, com a repetição das observações, ao longo de muitas pesquisas, cria uma teoria própria sobre aquele objeto de investigação.

Percebemos que a maneira como o conhecimento é obtido e organizado é um fator essencial na diferenciação entre o conhecimento científico e o senso comum, ou seja, o método científico estabelece critérios e modos de investigação para justificar e transmitir o conhecimento científico. Todavia, o senso comum é um tipo de conhecimento empírico no qual não há uma organização do conhecimento, pois ele é obtido sem, necessariamente, seguir métodos e técnicas específicos para justificar sua teoria.

Compreendendo que existem diferenças no modo de construir o conhecimento, é possível entender que o conhecimento científico não é o saber que pode explicar todas as coisas, pois as teorias investigadas pela ciência nascem no cotidiano (senso comum) e a partir daí se tornam científicas ao deixarem de se basear nas explicações dadas pelo cotidiano. Nessa perspectiva, Demo (1995, p. 18) argumenta: "A ciência está cercada de ideologia e senso comum, não apenas como circunstâncias externas, mas como algo que está já dentro do próprio processo científico, que é incapaz de produzir conhecimento puro, historicamente não contextualizado."

Como as teorias científicas não são definitivas, dificilmente o senso comum poderá ser totalmente deslocado do conhecimento científico, pois uma única forma de conhecimento talvez não seja suficiente para explicar todos os fatos. Isso significa que, como já exposto, a ciência necessita do senso comum e que o conhecimento depende de uma suposta verdade que vem do ser humano para que a ciência possa progredir em busca de novas conquistas.

Entendemos que tanto o senso comum quanto o conhecimento científico estão relacionados com fatos do cotidiano; no entanto, o aperfeiçoamento metodológico desenvolvido pelo conhecimento científico, como forma de explicar os fenômenos da natureza é o fator que melhor justifica a distinção entre os dois.

Segundo Chaui (2005, p. 248-250), o senso comum e o conhecimento científico se opõem sob vários aspectos e, entre estes, como efeito de comparação, podem ser citados os que constam no quadro a seguir.

Quadro 2 – Comparação entre o senso comum e o conhecimento científico

Senso comum	Conhecimento científico
É subjetivo, isto é, exprime sentimentos e opiniões individuais e de grupos, variando de uma pessoa para outra ou de um grupo para outro, dependendo das condições em que vivemos.	É objetivo, isto é, procura as estruturas universais e necessárias das coisas investigadas.

(continua)

(*Quadro 2 – conclusão*)

É qualitativo, isto é, as coisas são julgadas por nós como grandes ou pequenas, doces ou azedas, pesadas ou leves, novas ou velhas, belas ou feias, quentes ou frias, úteis ou inúteis, desejáveis ou indesejáveis, coloridas ou sem cor, com sabor, odor, próximas ou distantes etc.	É quantitativo, isto é, busca medidas, padrões, critérios de comparação e avaliação para coisas que parecem ser diferentes.
É heterogêneo, isto é, refere-se a fatos que julgamos diferentes, porque os percebemos como diversos entre si.	É homogêneo, isto é, busca as leis gerais de funcionamento dos fenômenos, que são as mesmas para fatos que nos parecem diferentes.
É individualizador, por ser qualitativo e heterogêneo, isto é, cada coisa ou cada fato nos aparece como um indivíduo ou como um ser autônomo.	É generalizador, pois reúne individualidades, percebidas como diferentes, sob as mesmas leis, os mesmos padrões ou critérios de medida, mostrando que possuem a mesma estrutura.
É generalizador, pois tende a reunir numa só opinião ou numa só ideia coisas e fatos julgados semelhantes.	É diferenciador, pois não reúne nem generaliza por semelhanças aparentes, mas distingue os que parecem iguais, desde que obedeçam a estruturas diferentes.

Fonte: Adaptado de CHAUI, 2000b.

Assim, podemos dizer que o senso comum se caracteriza pela subjetividade, e não pela investigação, pelo questionamento e pela crítica, ao contrário do ocorre com a ciência. É com base nesses argumentos que é possível compreender que as características do conhecimento científico vão de encontro às características do conhecimento comum.

Uma característica do conhecimento científico que não pode deixar de ser citada é que, nesse meio, o conhecimento também pode ser temporário e parcial. Isso o torna inacabado, incompleto, pois ao longo do tempo algumas explicações científicas se mostram inadequadas e são abandonadas, possibilitando a realização de novas pesquisas sobre o mesmo objeto, fazendo surgir novas teorias para explicá-lo. Isso sugere que a ciência, por não dispor de um método estabelecido como definitivo para explicação final e decisiva dos fenômenos observados, está constantemente se completando e se aperfeiçoando. Já para o senso comum isso não ocorre, pois as explicações obtidas sobre um fato ocorrido podem ser emitidas como verdadeiras e definitivas.

Considerando-se que no passado muitas descobertas científicas foram realizadas ao acaso, atualmente, a atividade científica representa o trabalho de um grande número de cientistas e, de um modo geral, alguns passos fundamentais para essa atividade são quase sempre seguidos. O método utilizado pelos cientistas é denominado *método científico* e as etapas mais importantes a serem seguidas nesse método são as seguintes (Souza, 1995; Cotrim, 2002; Aranha; Martins, 2003):

~ Observação: é a forma de obter dados iniciais sobre a investigação que se quer fazer.

~ Hipótese: é a suposição de um fato a ser testado, de modo que a hipótese seja verificada na pesquisa que está sendo realizada.

~ Experimentação: é o conjunto de técnicas realizadas diversas vezes com o objetivo de testar a hipótese formulada.

~ Generalização: é a conclusão a que se chega a partir dos resultados obtidos e das análises desses resultados após a realização dos experimentos.

~ Teoria e modelo: é o enunciado universal para explicar os fenômenos. É o resultado.

Porém, todo esse processo de investigação se repete continuamente, pois a ciência está em constante aperfeiçoamento. Nesse processo, os conceitos e as diferentes teorias científicas às vezes são contestados e sofrem transformações, pois a ciência é uma área do conhecimento que deve estar constantemente se atualizando. Há uma grande diferença entre o senso comum e o conhecimento científico, porém, além das distinções feitas até agora, não podemos deixar de citar as importantes contribuições filosóficas de três pensadores contemporâneos sobre o desenvolvimento científico na diferenciação dessas duas formas de conhecimento, pois os fundamentos metodológicos filosóficos podem desempenhar papel estratégico para traduzir a natureza do conhecimento científico. São eles: Karl Popper, Thomas S. Kuhn e Gaston Bachelard, sendo que cada um deles tem o seu próprio argumento para diferenciar o que é ciência e o que não é científico.

Esses três filósofos, grandes pensadores da ciência do século XX, deram uma importante contribuição ao pensamento científico, promovendo um longo debate em torno de suas ideias. Tanto os paradigmas de Kuhn, que revolucionaram o mundo científico, quanto o racionalismo crítico de Popper ou os obstáculos epistemológicos de Bachelard, os quais serão aprofundados no terceiro capítulo deste livro, foram trabalhos importantes, que, além de outras coisas, permitiram mostrar os limites de algumas leis e princípios científicos antes considerados verdadeiros. Isso ocorreu devido à negação da visão de ciência construída pela prática indutiva, tendo em vista que esta nos dá uma ideia de uma ciência pronta e acabada, inquestionável, o que na visão desses três filósofos é uma inverdade.

O filósofo Karl Popper, mesmo rejeitando a indução como prova lógica de uma investigação científica, demonstrou por meio de seus trabalhos que somente a verificação não bastava para tornar verdadeira uma teoria científica, já que as teorias verificadas se sucediam sem que nenhuma pudesse jamais adquirir uma certeza. Para tanto, contando com esse princípio da incerteza e das mudanças de paradigmas, os cientistas desenvolveriam métodos cada vez mais consistentes e flexíveis, e tais mudanças seriam constantes.

Para Popper, citado por Aranha e Martins (2003, p. 192), "o cientista deve estar mais preocupado não com a justificação da sua teoria, mas com o levantamento de possíveis maneiras de refutá-las pela experiência".

A concepção racionalista de Popper o levou a buscar obstinadamente critérios de demarcação que pudessem distinguir o que é científico e o que é não científico e a afirmar o procedimento de investigação racional na construção e na avaliação das teorias científicas, as quais seriam guiadas exclusivamente por critérios lógicos bem definidos. Para ele, uma lei científica não pode ser verificada totalmente, pois ela pode ser contestada e ter o enunciado modificado. Nesse sentido, Popper (1975, p. 42) diz:

> só reconhecerei um sistema como empírico ou científico se ele for passível de comprovação pela experiência. Essas considerações sugerem que deve ser tomado como critério de demarcação, não a verificabilidade, mas a falseabilidade de um sistema. Em outras palavras, não exigirei que um sistema científico seja suscetível de ser dado como válido, de uma vez por todas, em sentido positivo; exigirei, porém, que sua forma lógica seja tal que se torne possível validá-lo através de recurso a provas empíricas, em sentido negativo: deve ser possível refutar, pela experiência, um sistema científico empírico.

No entanto, Thomas S. Kuhn, um físico-historiador que propunha uma abordagem epistemológica que não restringia a análise do conhecimento científico ao formalismo dos lógicos, ao contrário de Karl Popper, afirmava que a ciência se desenvolve a partir de revoluções científicas que ocorrem em intervalos específicos de tempo, como as que ocorreram por meio dos trabalhos de Newton, Darwin, entre outros.

Foi no livro intitulado *A estrutura das revoluções científicas*, escrito em 1962, que Kuhn afirmou que o desenvolvimento da ciência ocorre de uma forma não cumulativa, na qual, em determinado momento, ocorrerá uma revolução ou crise que dará origem a um novo modo de desenvolvimento científico.

Segundo Cotrim (2002), nessa obra, Kuhn afirma que a ciência se desenvolve durante certo tempo a partir da aceitação por parte da comunidade científica de um conjunto de teses, pressupostos e categorias que formam um paradigma, ou seja, um conjunto de normas e tradições dentro do qual a ciência se move e pelo qual ela pauta a sua atividade. Esse paradigma engloba um conjunto de teorias e métodos que irão influenciar as comunidades científicas.

Para Kuhn, a ciência emerge de um processo em que há lugar para rupturas, crises e revoluções, sendo esta a principal característica que diferenciava o conhecimento científico de outras formas de conhecimento. Na defesa de suas concepções epistemológicas, Kuhn fez uso de variados exemplos históricos originários não só da física, mas também de outras ciências, como a geologia, a biologia e a química.

Por fim, destacamos a proposta epistemológica de Gaston Bachelard e sua contribuição significativa para o ensino de ciências, ressaltando que as suas principais contribuições foram para o desenvolvimento do ensino dessa disciplina, pois, ao seu ver, estas estavam tomadas por metáforas e erros de linguagem que por si sós se constituíam em obstáculos ao desenvolvimento do conhecimento científico.

Gaston Bachelard introduziu a noção de **obstáculo epistemológico** no seu livro *A formação do espírito científico*, escrito em 1938, no qual aponta os obstáculos à formação do conhecimento científico no exercício da compreensão, fazendo uma análise epistemológica e psicológica destes. Nesse trabalho, Bachelard contribuiu imensamente para a compreensão de como a forma da linguagem pode dificultar o trabalho do cientista e constituir um obstáculo epistemológico ao conhecimento científico.

Esse foi, sem dúvida, um dos autores que mais se preocupou com os problemas decorrentes da má utilização de analogias e metáforas na ciência e no ensino desta.

Para Andrade, Zylbersztajn e Ferrari (2002, p. 3), esses obstáculos estariam fundamentados no conhecimento geral, no abuso das imagens usuais, no conhecimento unitário e pragmático, no substancialismo, no realismo, no animismo e no conhecimento quantitativo e seriam as causas da "estagnação e até regressão do progresso da ciência".

Com sua visão racionalista, Bachelard faz uma análise baseada em exemplos que ele considera obstáculos ao conhecimento científico, no qual a linguagem metafórica, com uso de imagens e generalizações, dominava esse pensamento, impedindo o processo de abstração necessário para a formação do espírito científico. Essas características dificultavam o trabalho do cientista, de modo que se constituía num obstáculo epistemológico ao pensamento científico. Cabe ressaltar que, na visão desse pensador, os obstáculos epistemológicos do ensino podem influenciar tanto o desenvolvimento histórico do pensamento científico como também a educação, pois são obstáculos pedagógicos para o ensino de ciências.

Diante das afirmações de Popper, Kuhn e Bachelard, constatamos que o ensino de Ciências, em particular, vem passando, nas últimas décadas, por diversas redefinições e transformações, pois é sabido que a ciência está em constante mudança, o que irá modificar a maneira de entender um fenômeno observado. É importante compreender que tais redefinições e transformações são necessárias no sentido de facilitar o entendimento dos conceitos científicos, pois eles só serão assimilados à medida que são construídos e reconstruídos.

Nesse processo de transformação, a construção e a reconstrução dos conceitos científicos deram lugar às diferentes formas de abordagem de um mesmo objeto de estudo. Assim, houve a necessidade de que cada área da ciência se tornasse específica, ao se apresentar sob diferentes aspectos teóricos, com diferentes formas de linguagem, técnicas e metodologias aplicadas, conforme abordamos no capítulo anterior. Considerando os diferentes aspectos como forma de classificar as ciências, percebemos que tal classificação tem um papel importante no que diz respeito à compreensão das relações existentes entre tipos de conhecimento.

2.2 Ruptura entre conhecimento comum e conhecimento científico

Os estudos sobre os conceitos científicos mostram que, por trás das fórmulas complexas e da linguagem técnica que envolve as disciplinas que compõem o grupo das ciências naturais, está o aluno que busca transcender as barreiras do conhecimento comum que traz do seu cotidiano, a fim de adquirir um nível de conhecimento mais aprofundado, tornando possível a substituição dos conceitos prévios por ele adquiridos por conhecimentos que o levem à formação de um novo espírito científico.

Para Bachelard, é necessária a ocorrência do erro para que se dê a aprendizagem científica e, através da técnica de análise utilizada para este procedimento, acabará por ocorrer uma ruptura entre o objeto do senso comum e o objeto científico. A essas rupturas que surgem no campo da ciência, no sentido de compreender as diferenças entre o conhecimento comum e o conhecimento científico, o filósofo Gaston Bachelard chamou de *ruptura epistemológica*.

Compreendemos que, de fato, o avanço da ciência se dá por meio de processos de descontinuidades e rupturas, em que a retificação de erros em uma teoria científica e a compreensão das diferenças existentes entre conhecimento comum e conhecimento científico são as maneiras de entender como ocorrem esses dois processos.

Assim, a ruptura entre essas duas formas de conhecimento poderá acontecer como consequência das diferentes metodologias utilizadas no processo de construção do conhecimento e, nesse sentido, Lopes (1994, p. 338) argumenta que: "a construção do conhecimento científico exige o rompimento com o senso comum, a partir da retificação desses dados de primeira instância, através de um processo de aplicação da razão à técnica. Por isso é que Bachelard afirma não existirem verdades primeiras, mas apenas primeiros erros."

Entretanto, tais rupturas são importantes no processo de ensino-aprendizagem dos conteúdos científicos. Nesse sentido, os contrapontos entre essas duas formas de conhecimento têm merecido destaque entre os educadores de ciências naturais ao longo da história da educação.

Nessa perspectiva, no que se refere a estes, Mondin (1980) justifica que, segundo Bachelard, enquanto o empirismo constitui a filosofia do conhecimento comum, o racionalismo responde às instâncias do conhecimento científico. Isso acontece devido ao fato de a nossa cultura se encontrar saturada de saberes adquiridos do senso comum, que explicam muitas de nossas indagações e questionamentos.

2.2.1 Implicações do conhecimento científico na modernidade

A ciência moderna, como vimos no primeiro capítulo desta obra, consolidou-se com as revoluções científicas de Galileu Galilei e René Descartes no século XVII entre demais contribuições de outros filósofos e, desde então, é considerada uma prática que visa a dar um conhecimento seguro e coerente para as normas de sobrevivência do homem.

Ao longo do tempo, o homem buscou caminhos diversos para se conhecer e se compreender, e coube à ciência a tarefa de apontar caminhos que o levassem a encontrar essa resposta. Com o tempo, não só a ciência atuou como um mecanismo para que isso ocorresse, como também passou a interferir e a determinar melhorias na sua qualidade de vida.

A partir dessa perspectiva, o homem sentiu a necessidade de entender os fundamentos do conhecimento científico para que, a partir disso, tivesse condições de compreender algumas questões sobre a influência que essa forma de conhecimento teve na sua vida.

No que diz respeito a essa influência, é possível considerar que o conhecimento científico e a tecnologia caminharam lado a lado em prol do aprimoramento e da produção de métodos que viriam atender às novas necessidades humanas.

Todo o desenvolvimento tecnológico e científico utilizado para atender às necessidades e melhorar a vida do homem culminou na busca do entendimento dos fundamentos do conhecimento científico. Nesse aspecto, a ciência, ao ser analisada segundo uma concepção formada por descontinuidades e rupturas de seus referenciais, vem comprovar que o conhecimento científico não se edifica como definitivo, inquestionável e infalível, como fora retratado por Karl Popper e Gaston Bachelard em seus trabalhos.

Sobre a questão da mudança dos fundamentos científicos, Cotrim (2002) diz:

> Essa permanente possibilidade de que uma teoria científica seja revista ou corrigida por outra pode conduzir à noção pessimista de que a ciência é uma instituição falida. Ou também à posição ética de que todos os conhecimentos científicos são crenças passageiras que serão condenadas no futuro.

Embora a ciência seja construída por rupturas e descontinuidades, é com posse dos conhecimentos científicos que o homem busca argumentos e explicações para se conhecer, compreender a realidade que o cerca e para garantir melhorias na sua qualidade de vida.

Nesse contexto, cabe abordar aqui as implicações que envolvem a produção do conhecimento científico a partir do contexto da era moderna. Tais implicações são decorrentes da ideia de que todo o conhecimento produzido no meio científico, de um modo geral, acaba por se correlacionar de alguma maneira com o contexto sócio-político--econômico-cultural do ser humano.

É verdade que desde o século XX a humanidade passou a conviver com toda forma de tecnologias que modificaram o seu modo de viver. No entanto, a descoberta de técnicas mais avançadas para facilitar a sobrevivência do homem no seu meio implicou grandes conquistas na área da ciência, conquistas essas que, ao mesmo tempo que lhe trouxeram benefícios, modificaram seus hábitos e costumes.

Renomados pesquisadores participaram do processo de descobertas científicas que facilitaram o modo de vida do ser humano, porém, muitas vezes, eles não se deram conta dos riscos e dos malefícios que tais descobertas trariam para a humanidade. Sobre esse fato Chaui (2001, p. 285) escreveu:

> É exatamente isso que torna o uso da ciência algo delicado, que, em geral, escapa das mãos dos próprios pesquisadores. É assim, por exemplo, que a microfísica ou física quântica desemboca na fabricação das armas nucleares; a bioquímica e a genética, na fabricação de armas bacteriológicas. Teorias sobre a luz e o som permitem a construção de satélites artificiais, que, se são conectáveis instantaneamente em todo o globo terrestre para a comunicação e informação, também são responsáveis por espionagem militar e por guerras com armas teleguiadas.

Com isso, percebemos que o avanço da ciência teve várias consequências que demonstram que os conhecimentos científicos trouxeram tanto benefícios quanto malefícios para o ser humano.

Esse progresso, da forma que vem sendo construído, acarretou acontecimentos que revolucionaram a ciência na era moderna. Sabemos que o conhecimento científico admite falhas e estas podem ser exemplificadas com algumas questões, que vão desde as ambientais que envolvem a destruição da natureza até a submissão do ser humano aos conhecimentos da ciência.

No que se refere ao avanço da ciência como forma de melhorar a qualidade de vida do homem, Severino (1992, p. 184) argumenta:

> E a ciência, que pretendia libertar os homens dos determinismos da natureza, das doenças, da miséria, acabou se transformando numa nova forma de opressão para os mesmos homens! A razão que construía a ciência, de razão libertadora, como queriam os pensadores modernos,

acabou se transformando em razão instrumental que, por meio de seu controle lógico-tecnológico, implantou uma tecnocracia: toda a vida humana é conduzida e determinada pelos padrões técnicos impostos pela ciência. E o que é pior, o poder da ciência e da técnica passa a ser controlado e usado por grupos humanos na defesa de seus interesses particulares. Ele se transformou num instrumento forte e adequado para a dominação e a exploração políticas! A vida das pessoas não é mais referida a critérios éticos e políticos, mas a critérios puramente técnicos!

Então cabe aqui ressaltar que a interligação da ciência e da tecnologia na modernidade teve como objetivo encontrar meios de melhorar a sobrevivência do homem no mundo em que vive. Entretanto, podemos dizer que com esse intuito a ciência fez verdadeiras maravilhas para a vida do homem, por meio de importantíssimas descobertas em todos os seus segmentos; porém, não pensou que tais maravilhas pudessem colocar em risco a vida de quem mais investiu no seu progresso, haja vista que, dependendo do modo como seus conhecimentos são utilizados, pode-se definir em qual lado ela vai atuar.

Nesse sentido e com base nesses argumentos, cabe a pergunta: "Pode a ciência, na verdade, atuar contra ou favor do homem?".

Tendo em vista que a ciência evoluiu em função das necessidades da humanidade, essa questão pode ser respondida partindo-se do princípio de que dependerá da forma como o homem irá usá-la.

Síntese

Neste capítulo, discutimos as principais diferenças entre o conhecimento científico e o conhecimento do senso comum, bem como suas principais características e seus modos de construção do conhecimento.

Estudamos, ainda, que a ciência, por não ter uma explicação final e definitiva para as coisas que são observadas em seu meio, está diariamente se completando e se aperfeiçoando.

Abordamos as discussões sobre o desenvolvimento do conhecimento científico que aconteceu no decorrer dos anos e teve suas bases em exemplos extraídos do conhecimento do senso comum, ressaltando que o conhecimento científico é apenas uma das formas de interpretar a realidade.

Retratamos que as rupturas epistemológicas que surgem no desenvolvimento dos saberes podem ser entendidas como uma descontinuidade que ocorre no desenvolvimento do conhecimento e numa discordância entre o conhecimento comum e o conhecimento científico.

As contribuições filosóficas de Popper, Kuhn e Bachelard para o desenvolvimento da ciência também foram abordadas neste capítulo. Essas contribuições se deram por meio dos paradigmas de Kuhn, que revolucionaram o mundo científico, do racionalismo crítico de Popper, ao afirmar que uma lei científica não pode ser verificada totalmente, pois ela pode ser contestada e ter o enunciado modificado e também pelas contribuições dadas pela compreensão dos obstáculos epistemológicos de Bachelard.

Por fim, vimos as implicações da relação entre a ciência, a tecnologia e a sociedade.

Indicações culturais

Leia o artigo da revista *Química Nova na Escola* para obter mais informações sobre a pedagogia de química no ensino médio:

PITOMBO, L. R. M.; LISBOA, J. C. F. Sobrevivência humana – um caminho para o desenvolvimento do conteúdo químico no ensino médio. **Química Nova na Escola**, São Paulo, n. 14, p. 31-35, nov. 2001. Disponível em: <http://qnesc.sbq.org.br/online/qnesc14/v14a07.pdf>. Acesso em: 27 jun. 2008.

Leia este outro artigo da revista *Química Nova na Escola* para obter mais informações sobre a metodologia aplicada ao ensino de Ciências:

GIORDAN, M. O papel da experimentação no ensino de Ciências. **Química Nova na Escola**, São Paulo, n. 10, p. 43-49, nov. 1999. Disponível em: <http://qnesc.sbq.org.br/online/qnesc10/pesquisa.pdf>. Acesso em: 27 jun. 2008.

Atividades de Autoavaliação

1) Um estudante de Química estava desenvolvendo uma pesquisa em laboratório sobre indicadores ácido-base naturais e, para isso, deveria seguir corretamente quatro etapas do método científico. Assinale a alternativa em que a sequência foi seguida corretamente:
   a) Criação da teoria, observação, formulação de hipóteses e experimentação.
   b) Experimentação, coletas de dados, formulação de modelos e observação.
   c) Hipótese, criação de teoria, coleta de dados e experimentação.
   d) Observação, formulação de hipóteses, experimentação e generalização.

2) Analise as afirmativas a seguir referentes aos conhecimentos científico e comum:
   I) Um fator essencial na diferenciação entre o conhecimento científico e o senso comum é a maneira como o conhecimento é obtido e organizado.
   II) O conhecimento científico explica os fatos baseados em técnicas de investigação.

III) O conhecimento científico é subjetivo, enquanto o senso comum é objetivo.

IV) O conhecimento do senso comum é o conhecimento adquirido por tradição, herdado dos antepassados e que resiste a mudanças.

Estão corretas:
a) Somente I e II.
b) Somente I, II e IV.
c) Somente II e IV.
d) Somente I, II e III.

3) Alguns pensadores contemporâneos deram importantes contribuições filosóficas sobre o desenvolvimento científico. Um desses pensadores afirmava que o desenvolvimento científico ocorre de forma não cumulativa, ou seja, a ciência se desenvolve a partir de revoluções científicas que ocorrem em intervalos específicos de tempo. Quem fez essa afirmativa foi:
a) Gaston Bachelard.
b) Karl Marx.
c) Thomas Kuhn.
d) Galileu Galilei.

4) Os obstáculos epistemológicos de Bachelard no pensamento científico eram desencadeados devido:
a) às rupturas revolucionárias no meio científico.
b) às metodologias aplicadas pelo conhecimento do senso comum.
c) ao formalismo no ensino da biologia.
d) ao uso de metáforas e linguagens no meio científico.

5) As rupturas epistemológicas que surgem no mundo da ciência são importantes:

a) no sentido de que o conhecimento comum busca se afastar do observável e do perceptível, a fim de investir em áreas mais especializadas no ramo da pesquisa científica.

b) no sentido de compreender que a história das mudanças das teorias científicas é feita por meio de descontinuidades.

c) no sentido de compreender as diferenças entre o conhecimento comum e o conhecimento científico.

d) no sentido de compreender que o conhecimento comum e o conhecimento científico se assemelham nas suas formas de investigação.

Atividades de Aprendizagem

Questões para Reflexão

1. Comente sobre as principais contribuições de Kuhn, Popper e Bachelard na construção do conhecimento científico.
2. Pense e discuta com seu grupo de estudos a seguinte questão: "Qual o valor da ciência para a vida humana?".

Atividades Aplicadas: Prática

1. Comparando o conhecimento científico com o senso comum, faça uma pesquisa e cite três exemplos de fatos que ocorrem no nosso cotidiano que podem ser explicados tanto com um embasamento teórico-científico quanto com uma explicação embasada no conhecimento popular (senso comum). Se possível, elabore um quadro comparativo sobre as principais características do conhecimento do senso comum e do conhecimento científico.

Capítulo 3

No capítulo anterior, apresentamos ao leitor uma síntese das ideias de três grandes filósofos da ciência – Popper, Kuhn e Bachelard – e suas importantes contribuições para o desenvolvimento científico, bem como as implicações das ideias de cada um desses pensadores no ensino de Ciências.

Este capítulo será desenvolvido tendo como referencial teórico os trabalhos que tratam das principais características epistemológicas de Bachelard, as quais serão importantes para a compreensão de como ocorrem as rupturas e as descontinuidades nos processos do conhecimento.

Desse modo, este capítulo apresentará as características referentes ao modo como o conhecimento se realiza em nosso meio, como se dá a descontinuidade no conhecimento científico, além de abordar o que são os obstáculos epistemológicos no processo do conhecimento, como podem ser superados e também a necessidade de uma metodologia que tenha como meta eliminar esses obstáculos.

Pretendemos ainda, a partir do entendimento do que seriam obstáculos epistemológicos baseados nas fundamentações bachelardianas, apresentar uma noção de recorrência histórica, tendo em vista que ela ocorre a partir de uma visão da ciência atual e que visa encontrar nos conceitos da ciência passada um embasamento teórico que responda às mais diversas questões para, a partir disso, conceituar perfil epistemológico.

Nessa perspectiva, este capítulo tem como objetivo retratar o perfil epistemológico do aluno no ensino de ciências naturais, assim como salientar a importância do entendimento por parte do professor do que são e quais são os obstáculos epistemológicos que surgem no processo de

Características epistemológicas de Bachelard

3.1 Descontinuidade no conhecimento científico

Sabemos que o conhecimento sempre se desenvolveu a partir das necessidades humanas, e nesse processo a ciência avançou em busca de novos métodos e técnicas que poderiam ser elaborados na tentativa de solucionar essas necessidades. Porém, tais métodos e técnicas que produzem leis e teorias científicas mudam constantemente, já que as necessidades e os problemas do ser humano também sofrem transformações.

É notório que tais transformações no desenvolvimento da ciência tenham sido promovidas por meio de mudanças de paradigmas, característica fundamental do conhecimento científico atual que, segundo Thomas Kuhn, desenvolve-se através de descontinuidades e de saltos revolucionários.

Com o avanço da ciência, seria comum pensar que uma teoria ou um conhecimento adquirido por meio dela é algo imutável e absoluto. No entanto, o desenvolvimento da ciência, segundo as concepções de Bachelard, é um processo mutável e que não ocorre num processo linear e acumulativo, no qual a cientificidade do conhecimento não seria estabelecida de uma vez por todas, mas, sim, em processos descontínuos com obstáculos e rupturas científicas.

Tais descontinuidades no conhecimento científico surgem em razão das rupturas pelas quais a ciência progride, já que o desenvolvimento do conhecimento científico se dá por meio de constantes mudanças, pois a ciência está sempre evoluindo e se aprimorando. Verificamos, dessa maneira, que nem sempre os experimentos desenvolvidos confirmam as hipóteses e as previsões de um fenômeno analisado, caso em que o processo de investigação é reiniciado como forma de esclarecer com precisão a veracidade do fenômeno observado.

Em muitas situações, tanto na área de química quanto em biologia, percebemos que o conhecimento científico se caracteriza fundamentalmente por descontinuidades. No campo da química, tais descontinuidades podem ser exemplificadas, entre outros fatores, por meio de uma das grandes revoluções científicas que se deu através das diferentes concepções da teoria do modelo do átomo no pensamento de Dalton, Thomson, Rutherford e Bohr. Cada cientista criou sua própria teoria sobre o modelo atômico com base em princípios, conceitos e metodologias que se diferenciavam entre si, rompendo por sua vez com a teoria anterior.

Uma outra ideia de descontinuidade na história da química pode ser demonstrada considerando os trabalhos desenvolvidos pelo químico Antoine-Laurent de Lavoisier, o qual revolucionou o mundo científico ao promover uma verdadeira revolução científica nessa área, capaz de mudar paradigmas e conceitos do conhecimento científico.

No campo da Biologia, um exemplo de revolução científica é o citado por Chaui (2001, p. 257), que diz que, quando se compara a biologia genética de Mendel e a genética formulada por bioquímicos (baseada na descoberta de enzimas e de proteínas do DNA), também se encontram ali diferenças e descontinuidades científicas.

Essas revoluções científicas, por sua vez, deram ao conhecimento científico um caráter racional, já que o conhecimento científico é construído por meio de uma pesquisa científica racional. Segundo Santos (1988, p. 48), tal racionalidade do conhecimento científico se contrapõe às outras formas de conhecimento, pois

> Sendo um modelo global, a nova racionalidade científica é também um modelo totalitário, na medida em que nega o caráter racional a todas as formas de conhecimento que se não pautarem pelos seus princípios epistemológicos e pelas suas regras metodológicas. É esta a sua característica fundamental e a que melhor simboliza a ruptura do novo paradigma científico com os que o precedem.

Com isso, podemos compreender que a visão continuísta do desenvolvimento científico deve ser abandonada, levando em consideração os fatos que comprovam essa descontinuidade no conhecimento científico.

Mas, mesmo por rupturas e descontinuidades, a humanidade vê na ciência e nas suas técnicas a possibilidade de encontrar uma resposta mais satisfatória para seus questionamentos, acabando por fortalecer o conhecimento científico em relação a outras formas de conhecimento.

No entanto, esse fortalecimento em relação a outras formas de conhecimento desencadeia implicações, vistas como obstáculos no processo de construção de um conhecimento científico, pois, de acordo com Teixeira (2006, p. 129), "quando se comunica um conhecimento científico, todos os conceitos através dos quais tal conhecimento é expresso remetem a problemas e implicam explicações".

Tais problemas e implicações nesse processo se devem ao fato de que, para uma nova teoria científica ser aceita, é necessário que os conceitos anteriores sobre o fenômeno pesquisado sejam abandonados ou, então, que seja indicado que as explicações anteriores sobre esse fenômeno possuem aplicações limitadas. Assim, nesse processo de construção do conhecimento científico, é essencial o entendimento de que as teorias científicas apresentam suas limitações, pois estas não conseguem explicar todas as coisas.

Diante desse fato, todas as etapas necessárias para a elaboração de uma teoria ou saber científico devem ser desempenhadas de modo bem organizado, com bastante rigor e precisão, pois, segundo Cotrim (2002, p. 239), "a ciência se caracteriza pela busca de um conhecimento sistemático e seguro dos fenômenos do mundo".

Porém, se as etapas desse processo ocorrerem de forma desorganizada, todo um trabalho que levou um determinado tempo para se realizar será desperdiçado, havendo, então, a necessidade de o cientista reorganizar suas ideias para que possa utilizar com eficácia e segurança os novos conhecimentos adquiridos.

Nesse contexto, com o advento da ciência moderna, novas teorias científicas foram elaboradas e, com isso, questionamentos sobre a veracidade de tais teorias passaram a ser feitos, o que provocou muitas reflexões sobre o modo como eram produzidas. Para tanto, segundo Chaui (2005), ampliar o andamento de uma pesquisa com novas investigações e permitir a previsão de fatos novos com base nos já conhecidos são alguns dos "prerrequisitos para a constituição de uma ciência".

Porém, diante de novos fatos e novas observações experimentais, um conhecimento ou uma teoria científica acaba se tornando inadequada para aquele momento, havendo a necessidade de ser aperfeiçoada e, muitas vezes, abandonada pelo surgimento de uma nova teoria científica que seja mais condizente com aquele fato.

Essa constante mudança nos processos de investigação e informação científica promove a descontinuidade entre as teorias científicas, pois, como o conhecimento científico não é imutável e não está fadado a um processo definitivo, configura-se num processo ativo e dinâmico que possui diferentes formas de elaborar os métodos e as técnicas que nos levam à construção dos conceitos científicos.

Para Bachelard, as rupturas e as descontinuidades são características constantes da evolução do pensamento científico, e o surgimento de um novo conceito científico, baseado na transformação de um conceito antigo, faz com que haja uma ruptura no saber que estava sedimentado, renovando todo o campo de conhecimento existente.

Nesses termos, é fácil perceber que a construção de um novo conhecimento científico não se constitui num processo contínuo, mas, sim, que ele se desenvolve através de um processo descontínuo, em que constantemente temos de romper com conhecimentos anteriores para então, a partir daí, construir um novo conhecimento.

É importante ressaltar que dificilmente haverá algum progresso nesse campo se os conceitos científicos não forem bem compreendidos, já que esses conceitos no ensino de Ciências Naturais são fundamentais, pois com eles são expressas explicações, descritas propriedades e feitas previsões para os fenômenos e fatos da natureza.

No que diz respeito à compreensão dos conceitos inerentes ao conhecimento científico, verificamos nos PCN (Brasil, 1999, p. 34) "que a compreensão e a utilização dos conhecimentos científicos para explicar o funcionamento do mundo, bem como planejar, executar e avaliar as ações de intervenção na realidade" é uma das propostas no ensino na área de ciências naturais.

3.2 Obstáculos epistemológicos

Sabemos que o desenvolvimento do saber científico ocorre com descontinuidades e rupturas, nas quais a construção do conhecimento ocorre por meio do rompimento com o conhecimento anterior, promovendo a construção e a reconstrução desse conhecimento.

Nesse processo de construção e reconstrução do conhecimento científico, surgem no caminho dificuldades que não eram esperadas, mas que deverão ser enfrentadas para se chegar ao conhecimento que se deseja. Nesse percurso, as dificuldades que irão surgindo e que são inseparáveis do processo de conhecimento se constituem em obstáculos epistemológicos.

De acordo com Lopes (1993b, p. 313), "o desenvolvimento da ciência é um processo descontínuo, onde [sic] constantemente temos que romper com conhecimentos anteriores, desconstruí-los para construir um novo conhecimento. E nesse processo estamos sempre à procura de suplantar os *obstáculos epistemológicos*", os quais, segundo a mesma autora, "são entendidos como os entraves, inerentes ao próprio conhecimento científico, que bloqueiam seu desenvolvimento e construção" (1992, p. 255).

Entendemos que os obstáculos epistemológicos surgem à medida que o novo conhecimento é colocado diante de um conhecimento considerado ultrapassado, porém que ainda é necessário naquele momento, para consolidar o pensamento científico. Sob o ponto de vista de Lopes (1992, p. 255), o obstáculo epistemológico "é a razão acomodada, à retificação dos erros, à constituição de uma razão toda nova. Na medida que conhecemos contra um conhecimento anterior – destruindo conhecimentos mal-adquiridos, capazes de estancar o desenvolvimento do conhecimento científico [...]".

O filósofo Gaston Bachelard, em sua obra *A formação do espírito científico*, introduziu o termo *obstáculos epistemológicos*. Segundo Cunha e Florido (2005), representar os diversos obstáculos que surgem no processo de construção do conhecimento e que devem ser superados para se estabelecer e desenvolver a verdadeira mentalidade científica são os obstáculos epistemológicos.

Para Bachelard (1996, p. 17), "é no âmago do próprio ato de conhecer que aparecem, por uma espécie de imperativo funcional, lentidões e conflitos. É aí que mostraremos causas de estagnação e até de regressão, detectaremos causas de inércia às quais daremos o nome de obstáculos epistemológicos".

Andrade, Zylbersztajn e Ferrari (2002, p. 4), com base no pensamento de Bachelard, comentam esses obstáculos epistemológicos:

> São os conhecimentos subjetivos, essencialmente do foro afetivo, que entravam o conhecimento objetivo. Estes conhecimentos dizem respeito a aspectos intuitivos, imediatos e sensíveis; a experiências iniciais; a relações imaginárias; a conhecimentos gerais, unitários e pragmáticos; a perspectivas filosóficas empiristas, realistas, substancialistas e animistas; a interesses, hábitos e opiniões de base afetiva, etc. São erros, investidos de tal energia psíquica, que se tornam tenazes e resistentes a toda mudança.

Os obstáculos epistemológicos, causa de inércia no ato de conhecer na concepção de Bachelard, exercem um papel central na construção e na formação do espírito científico e podem surgir por diversas razões, sejam elas de ordem social ou pela própria limitação da natureza humana.

3.2.1 Obstáculos epistemológicos no processo de ensino-aprendizagem

Os obstáculos epistemológicos estão presentes nas práticas pedagógicas realizadas na construção do conhecimento em sala de aula e também nas pesquisas científicas, de modo que, segundo Chaui (2001, p. 258), quando *um cientista ou um grupo de cientistas começa a estudar um fenômeno empregando teorias, métodos e tecnologias disponíveis em seu campo de trabalho. Pouco a pouco, descobrem que os conceitos, os procedimentos, os instrumentos existentes não explicam o que estão observando nem levam aos resultados que estão buscando. Encontram, diz Bachelard, um "obstáculo epistemológico".*

No processo de ensino-aprendizagem, a existência constante de dificuldades e barreiras inerentes a esse processo se constituem em obstáculos epistemológicos, que, em dado momento, dependendo de como surgem, podem impedir a ruptura entre o conhecimento comum e o conhecimento científico, prejudicando a construção dessa segunda forma de conhecimento.

Então, tendo em vista que os obstáculos surgem por diversas razões, sejam de ordem social, sejam relativas a problemas da própria natureza humana, é necessário, no que diz respeito ao processo de ensino-aprendizagem, conhecer alguns desses obstáculos no desenvolvimento do conhecimento científico.

Em sua obra A *formação do espírito científico*, Bachelard cita uma série de obstáculos epistemológicos, sendo a **experiência primeira**, o **conhecimento geral** e o **obstáculo verbal** alguns dos obstáculos retratados por Bachelard na formação do espírito científico.

A experiência primeira pode ser exemplificada como o primeiro contato do aluno com o conhecimento científico, no qual o conhecimento do senso comum que ele traz para a sala de aula, baseado na observação concreta dos fenômenos que ocorrem ao seu redor, é contraposto ao conhecimento científico.

Muitas estratégias poderiam ser aplicadas em sala de aula, no sentido de facilitar o contato inicial do aluno com o conhecimento científico, sendo uma dessas estratégias a de o professor fazer contextualizações do conteúdo a ser ensinado. Esse processo de contextualização, no caso das disciplinas de Química e Biologia, poderia ocorrer por meio do uso de experimentos simples, fáceis de serem realizados em sala de aula e que teriam o papel de instrumento auxiliador nesse processo. Desse modo, esse primeiro obstáculo poderia ser superado, proporcionando um entendimento mais satisfatório ao aluno.

No que se refere ao obstáculo, denominado por Bachelard de *conhecimento geral*, entendemos que sua ocorrência é devida à falta de questionamentos durante a explicação do conteúdo ensinado. Nesse caso, em sala de aula, este pode ser considerado como um obstáculo na formação do espírito científico, já que da forma como é passado ao aluno demonstra ser um conceito que já é definitivo, completo e imutável, o que facilita o entendimento dele naquele momento; contudo, esse fato faz com que o aluno perca o interesse pelo assunto e sequer faça questionamentos sobre ele. Nesses termos, Lipman, Sharp e Oscanyan (2001, p. 152) dão a seguinte opinião: "Negar ao estudante o direito de duvidar do resultado de uma investigação científica é impedir a continuação dessa investigação."

Bachelard (1996, p. 69) considera que esse tipo de obstáculo tem "o perigoso prazer intelectual na generalização apressada e fácil". Essa é, em geral, uma situação comum em sala de aula, que, muitas vezes, surge e nem sempre é analisada sob o ponto de vista de um obstáculo inerente às práticas pedagógicas e que por vezes é difícil de ser superado. Mas cabe aí o papel fundamental do professor de ciências naturais em criar situações de modo a deixar claro que todas as teorias que surgem não são definitivas e que elas estão sempre sendo aprimoradas com o objetivo de mostrar que a ciência é um processo que se constrói e que está em constante transformação.

Outro obstáculo citado por Bachelard é o verbal, no qual o uso de metáforas, imagens e analogias nas disciplinas de ciências naturais, no caso, Química e Biologia, têm a função de explicar as propriedades de um fato observado, isto é, de contextualizar a explicação do conteúdo ensinado, associando um fato concreto com um fato abstrato, já que o entendimento dessas duas disciplinas depende de uma excessiva memorização de nomes e fórmulas.

Na concepção de Bachelard (1996, p. 91), o obstáculo verbal "tratar-se-á de uma explicação verbal com referência a um substantivo carregado de adjetivos, substituto de uma substância com ricos poderes".

As metáforas e as analogias, em alguns momentos, não deveriam ser analisadas como obstáculos verbais, pois, no caso das disciplinas de Química e Biologia, por serem constituídas por variedades de fórmulas e nomes, podem ser utilizadas como um apoio na explicação de conteúdos complexos que envolvem tempo para serem assimilados. Nesse caso, essa técnica pode ser analisada como um efeito benéfico no aprendizado do aluno, que, na concepção de Lopes (1992, p. 255), implica uma possibilidade de uso dessas analogias e metáforas no ensino de ciências, pois "muitas vezes elas são necessárias, quando construímos modelos e nos expressamos em linguagem não formal".

Sob o ponto de vista de Bachelard, o fato de o professor encontrar dificuldades para romper com uma metodologia aplicada no processo de aprendizagem do aluno se constitui em um obstáculo epistemológico e, apesar de esses obstáculos serem comuns no que se refere à educação, muitos professores sequer se dão conta de que eles existem e que fazem parte do seu dia a dia em sala de aula.

Tais obstáculos, várias vezes, surgem pelo fato de muitos professores não compreenderem que o aluno já possui um conhecimento prévio sobre um determinado assunto, porém um conhecimento não científico, que ele trouxe de suas experiências vividas e que serviu como um norteador em sua vida cotidiana até o momento do seu primeiro contato com o conhecimento científico. Se houver, porém, a desconsideração desse conhecimento, por parte do professor, o conteúdo a ser ensinado se torna difícil de ser entendido.

De acordo com Lipman, Sharp e Oscanyan (2001, p. 153),

muitas das dificuldades experimentadas pelos atuais programas de educação em ciência são devidas ao fato de que não muitos jovens apreciam os fatos de que a ciência trata. Eles encontram pouco com que se identificar; não entendem a metodologia; não têm uma ideia clara da diferença entre maneiras corretas e incorretas de raciocinar, e tampouco uma ideia geral do propósito de entender as coisas cientificamente.

Então, todas as vezes que o professor estiver desenvolvendo uma atividade em sala de aula com o objetivo de fazer o aluno assimilar um determinado conteúdo, deve ter em mente que o processo de construção do conhecimento acontece também pela troca de ideias advindas do conhecimento do professor e do conhecimento prévio do aluno.

No processo de aprendizagem, o aluno sempre está em busca de uma resposta satisfatória para que possa entender os conteúdos ensinados de forma precisa e satisfatória. Com esse intuito, nesse momento, inicia-se uma troca de informações entre o aluno e o professor, a qual irá desencadear um processo de questionamentos daquele para o docente, que tenta de forma clara e precisa atender sua expectativa. Contudo, se esses questionamentos não acontecerem, devido ao modo como o professor norteia a passagem desse conteúdo, o conhecimento pode ficar fadado à falta de interesse por parte do aluno, constituindo-se pelos argumentos citados até aqui como obstáculos epistemológicos no processo de conhecimento.

Cabe aqui salientar que, segundo Carvalho e Gil-Pérez (2001, p. 20), "a carência de conhecimentos da matéria a ser ensinada transforma o professor em um transmissor mecânico dos conteúdos" e isso também pode ser considerado como um obstáculo epistemológico no processo de ensino-aprendizagem.

Segundo Aranha (1996), ao perguntar ao professor o que ele considera importante para que o aluno aprenda de fato, as seguintes respostas podem ser dadas:

~ É importante que o professor saiba transmitir bem o conhecimento acumulado na cultura a que pertence.

~ O bom professor é capaz de despertar no aluno o gosto pelo estudo.

~ O professor precisa saber qual é o estágio de desenvolvimento intelectual do aluno com o qual vai trabalhar, a fim de criar situações para que ele aprenda por si próprio.

Bachelard desenvolveu trabalhos envolvendo as questões pedagógicas em sala de aula e, neles, retratou o desafio do professor de Ciências em repassar algum conceito científico para o aluno que vem de uma realidade em que o conhecimento adquirido do seu cotidiano já está consolidado, constituindo-se em obstáculos que se tornam difíceis de serem superados. Para isso, ele considera que as práticas pedagógicas desenvolvidas para a construção do pensamento científico devem levar em consideração a ideia de obstáculo epistemológico, sendo identificados, analisados e retificados como a forma correta de construção do conhecimento.

Com o intuito de superar os obstáculos que surgem e na busca de facilitar o aprendizado dos conceitos científicos, muitas vezes, o professor recorre a técnicas que associam o conhecimento concreto, consolidado pela ciência, e o conhecimento cotidiano; porém, dependendo da técnica utilizada, estas também podem se mostrar como obstáculo ao aprendizado, levando o professor de ciências a entender que, devido à ineficiência das técnicas utilizadas, existem diferentes formas de pensar, de compreender e de resolver os obstáculos epistemológicos enfrentados pelo aluno, fato para o qual Bachelard (1996, p. 23) dá a seguinte opinião:

> *Acho surpreendente que os professores de ciências, mais do que os outros se possível fosse, não compreendam que alguém não compreenda. [...]*

Não levem em conta que o adolescente entra na aula de Física com conhecimentos empíricos já constituídos; não se trata, portanto de adquirir uma cultura experimental, mas sim de mudar de cultura experimental, de derrubar os obstáculos já sedimentados pela vida quotidiana.

Com base nessa questão, compreendemos que o papel do professor de ciências naturais é essencial no processo de aprendizagem dos conceitos científicos, pois cabe a ele criar modos e meios eficazes de superar os obstáculos epistemológicos que surgem no decorrer desse processo. Para que isso ocorra de forma gradual, a metodologia aplicada para a superação desses obstáculos deve ser realizada de maneira que haja uma mediação entre o aluno e o objeto de estudo para o qual o estudante vai adquirir o conhecimento.

Nesse sentido, Lipman, Sharp e Oscanyan (2001, p. 153) sugerem

que as abordagens da educação na área das ciências que devem proporcionar ao estudante uma orientação preliminar no próprio empreendimento científico devem, por sua vez, fornecer incentivos que motivem as crianças a se aplicarem na atividade científica e proporcionar um conjunto de hábitos de trabalho que combine suas inclinações criativas e imaginativas com seus próprios desejos de pensar de uma maneira disciplinada e ordenada a respeito do mundo.

Assim, as questões epistemológicas e a sua prática em sala de aula podem nos dar a entender que o conhecimento baseado na experiência do cotidiano do aluno irá acarretar muitos erros no seu processo de aprendizagem. Então, para que a formação do espírito científico do aluno ocorra de maneira satisfatória, é necessário que os erros que surgem nesse processo sejam constantemente retificados. Por isso, segundo Lopes (1992, p. 255), "se o professor desconsidera os conhecimentos prévios do aluno ou, o que é mais preocupante, reafirma os erros existentes nas concepções do senso comum, a aprendizagem não tem como se construir".

Contudo, os obstáculos não devem ser compreendidos apenas como uma falha no percurso da construção do conhecimento, pois no processo de aprendizagem esses obstáculos são de grande importância e, devido a isso, estratégias e metodologias devem ser criadas de forma que ajudem a superá-los. Cabe ao professor criar situações que irão implicar estratégias de aprendizagem no sentido de aproximação do aluno com os novos conceitos que serão desenvolvidos nas disciplinas de Química e Biologia, quando o discente começar a ter contato com os conteúdos iniciais inerentes a essas disciplinas.

Para a superação dos obstáculos epistemológicos, na área de pesquisa científica, Chaui (2005, p. 223) explica que "o cientista ou o grupo de cientistas precisa ter a coragem de dizer 'não'. Precisam dizer não à teoria existente e aos métodos e tecnologias existentes, realizando a ruptura epistemológica."

O que realmente importa nesse processo é que o cientista consiga realizar suas pesquisas, tendo em vista que elas são passíveis de mudança e questionáveis, mesmo que sejam obtidas em um longo e duro processo de investigação.

No que tange à superação dos obstáculos que surgem nas práticas educacionais, importa que o aluno em sala de aula possa desenvolver uma compreensão mais sistemática dos conceitos científicos de forma a superar os obstáculos pertinentes nesse processo, e não que ele saia da sala de aula abarrotado de informações e terminologias científicas ou de que num primeiro instante consiga interpretar todos os conceitos científicos. Entender essa dificuldade do aluno auxilia o professor a criar metodologias que servem como ferramentas para auxiliar o estudante a compreender os conceitos científicos.

Em relação à prática pedagógica dos professores das ciências, Porlán e Rivero, citados por Rezende e Ostermann (2005, p. 319), apontam os seguintes problemas:

~ a escassa integração de diferentes tipos de conhecimentos (científicos, sociais, pessoais, metadisciplinares) na formulação dos conteúdos;

~ o grau de flexibilidade do plano de atividades, por vezes muito detalhado, fechado e rígido e em outro extremo, pouco detalhado e totalmente aberto;

~ a visão simplificadora da avaliação entendida ora como uma medição objetiva do grau de entendimento acadêmico dos alunos ora como uma impressão subjetiva sobre as atitudes e o esforço do aluno.

Muitas metodologias podem ser aplicadas nesse sentido como forma de motivar o aluno a dar suas opiniões no processo de formação de um conceito científico, proporcionando que o seu aprendizado seja eficiente e que ele esteja apto a trabalhar de modo correto os conceitos científicos.

Em síntese, os obstáculos epistemológicos fazem parte tanto do cotidiano do professor de ciências em sala de aula quanto do cotidiano do cientista contemporâneo no seu ambiente de pesquisa, mas mesmo em ambientes diferentes devem, constantemente, buscar técnicas que tenham o objetivo de superar os obstáculos epistemológicos que encontram no seu caminho.

3.3 Os conceitos de Bachelard no ensino de Ciências

Visto possuírem grande importância no meio em que vivemos, os saberes do conhecimento comum se tornam difíceis de serem abandonados, já que, muitas vezes, o saber científico não é totalmente capaz de explicar corretamente um fato ocorrido, pois as teorias científicas não são definitivas, podendo ser modificadas. Portanto, os conceitos advindos pela experiência do cotidiano continuam a ser usados, pois, apesar de a ciência moderna utilizar tecnologias de ponta para concluir suas teorias, constantemente, ocorre uma conexão entre a ciência e aquilo que pode ser visto e observado, próprio do conhecimento comum, para que desse modo o conhecimento científico se torne mais acessível e de fácil entendimento para todos.

Contudo, a formação do espírito científico, na concepção de Bachelard, caminha contra o conhecimento comum, pois busca se afastar do concreto, do observável e do perceptível, próprio do conhecimento comum, investindo em áreas mais especializadas no ramo da pesquisa científica contemporânea.

Na formação do espírito científico, o processo de ensino-aprendizagem é de extrema importância e, nesse processo, o professor desempenha um papel de mediador na construção dessa forma de conhecimento, visto que deve ter a noção das características particulares de cada conceito que deverá ser ensinado em sala de aula, levando em consideração a importância do ensino e da aprendizagem das técnicas, das leis e das teorias da linguagem científica.

Ao longo da história da educação em ciências, o professor sempre buscou explorar, inicialmente, o conhecimento comum do aluno para logo em seguida explorar a noção que o aluno possui do conhecimento científico. Assim, sendo a escola um lugar no qual a construção do conhecimento científico acontece de forma gradativa, explorar o conhecimento comum do aluno em um determinado conteúdo de Química ou de Biologia pode ser um instrumento capaz de motivar e consequentemente despertar nele o interesse por tal conteúdo e assim desenvolver sua capacidade de compreender e interpretar os conceitos científicos.

Na concepção de Bachelard (1996, p. 18), no ensino de Ciências, é preciso saber formular problemas nos quais "todo o conhecimento é resposta a uma pergunta. [...] Tudo é construído". Esse instrumento possibilita um enriquecimento do conhecimento de cada aluno, sem necessariamente romper com o conhecimento já existente, apenas complementando-o com novos conceitos, por meio de técnicas perguntas e respostas e atividades que facilitem a aprendizagem em sala de aula. Mesmo só havendo essa complementação de um tipo de conhecimento com o outro, observamos que inevitavelmente ocorre uma ruptura entre o saber comum e o saber científico.

A construção do saber científico pode ocorrer por intermédio de experimentos simples, que podem ser realizados tanto em laboratório quanto em sala de aula, mas, independentemente do local, deve ser realizada de modo organizado e com rigor científico, pois a forma como a construção desse saber é realizada faz com que o aluno entenda que o conhecimento científico se distingue do conhecimento do cotidiano.

No ensino de Química, por exemplo, quando é abordado o conteúdo de indicadores ácido-base, é possível fazer uso de experimentos de fácil realização em sala de aula, utilizando indicadores naturais, como o repolho roxo e a beterraba, em vez de soluções de indicadores artificiais, como a fenolftaleína ou alaranjado de metila, e encontrar resultados satisfatórios para o entendimento do aluno sobre esse conteúdo. Dessa maneira, o exemplo do cotidiano contribui com a formação do conhecimento científico, assumindo a função de norteador no processo de aprendizagem científica.

Com essa forma de abordar o conteúdo de indicadores ácido-base, o qual é de extrema importância na disciplina de Química, verificamos, portanto, como diz Chaui (2001, p. 257),

> *uma descontinuidade e uma diferença temporal entre as teorias científicas como consequência não de uma forma mais evoluída, mais progressiva, ou melhor, de fazer ciência, e sim como resultado de diferentes maneiras de conhecer e construir os objetos científicos, de elaborar os métodos e inventar tecnologias.*

Isso poderia ser usado como um argumento em favor de uma ruptura entre o conhecimento comum e o conhecimento científico, com base na epistemologia de Gaston Bachelard. Porém, essa ruptura é necessária no ato de aprender, pois dessa maneira o aluno se torna capaz de entender as diferenças e os contrapontos entre um conhecimento e outro.

O que conduz a essa ruptura epistemológica no desenvolvimento dos saberes pode ser entendido como uma descontinuidade que ocorre no desenvolvimento do conhecimento e numa discordância entre o conhecimento comum e o conhecimento científico.

As rupturas e as descontinuidades, conforme os conceitos de Bachelard, são características próprias da evolução do pensamento científico, pois, para que o aluno tenha segurança para ingressar na área científica, ele deve, obrigatoriamente, abandonar a ideia de continuidade entre as formas de conhecimento. Cabe lembrar que na construção dos saberes tal ruptura implica a distinção entre o conhecimento comum e o conhecimento científico, o que não significa que um conhecimento se torne superior em relação ao outro.

No contexto atual, de novas práticas pedagógicas, a ideia de que o ensino de ciências naturais deve ser organizado de forma a colaborar para a compreensão do mundo e de suas transformações é uma das propostas dos PCN (Brasil, 1997, p. 22-23), que sugerem que:

> não se pode pensar no ensino de Ciências como um ensino propedêutico, voltado para uma aprendizagem efetiva em momento futuro. A criança não é cidadã do futuro, mas já é cidadã de hoje, e, nesse sentido, conhecer ciência é ampliar a sua possibilidade presente de participação social e viabilizar sua capacidade plena de participação social no futuro.

Todos os argumentos discutidos em torno do processo de construção do conhecimento permitem compreender a noção de ruptura entre o conhecimento científico e o conhecimento comum, introduzida por Bachelard.

Ainda que muitos argumentos tenham sido usados, é possível que haja divergências quanto à forma de compreensão do que seriam tais rupturas no processo de construção do conhecimento, não só quanto ao problema das rupturas e das descontinuidades do conhecimento, mas também quanto aos obstáculos que dificultam essas rupturas.

Mesmo sabendo que o ato de conhecer é dinâmico e que está em constante transformação, as divergências quanto ao modo de compreender o que seriam tais rupturas no processo de construção do conhecimento podem surgir pelas ideias de Bachelard, que visam a uma mudança na pedagogia aplicada em sala de aula, pois para ele os conceitos científicos devem ser ensinados de uma forma mais precisa, corrigindo erros e formalizando técnicas que levem à formação do verdadeiro espírito científico do aluno.

A partir dessa constatação, busca-se compreender que a ciência, no que diz respeito ao entendimento dos conceitos científicos, está progredindo com o objetivo de criar metodologias de aprendizagem em que o aluno possa relacionar e ao mesmo tempo pensar sobre as questões que envolvem esse progresso. Para isso, é possível que ele utilize os conhecimentos adquiridos em sala de aula e posteriormente associe o avanço do conhecimento científico com a tecnologia aplicada para esse avanço, tendo em vista as muitas implicações que podem surgir com essa associação.

3.4 Construção do conhecimento através da recorrência histórica de Bachelard

A construção do conhecimento, como já vimos, pode acontecer de diferentes maneiras, tendo em vista que o modo como são construídos possibilitará o entendimento de como ele se modifica com o passar do tempo.

Analisando o modo como o conhecimento se forma à medida que se baseia nas informações de outro conhecimento adquirido, é possível compreender que os erros cometidos na elaboração de uma dada informação, em um determinado momento, podem ser passíveis de correção.

No que tange ao desenvolvimento do conhecimento científico, esse processo pode ocorrer, muitas vezes, por meio da análise de um episódio ou de um fato considerado importante na história da ciência e que, partindo do presente, pode-se encontrar na ciência do passado o fundamento teórico que irá responder as diversas questões que surgem. Esse fato nos dá a noção do que seria uma recorrência histórica.

No entanto, segundo Melo (2005), o estudo e a análise das informações obtidas no conhecimento passado devem acontecer, mas com um porém: quando o cientista se reportar ao contexto científico de qualquer época, deve analisá-lo tendo em vista as propostas da ciência atual, como orienta a noção de recorrência histórica de Bachelard, que sugere que um conhecimento se forma contra um conhecimento adquirido anteriormente.

Nas ideias de Bachelard, o contexto histórico no qual um determinado episódio histórico se insere não deve ser desconsiderado; contudo, ele retrata a importância dos conhecimentos contemporâneos no estudo do desenvolvimento do conhecimento científico.

Na formação de um conceito científico, os conceitos passados devem ser levados em consideração, pois, apesar dos erros cometidos na sua formação, em uma dada época histórica, esses mesmos erros se tornaram necessários para que a ciência progredisse. Sendo assim, esses erros devem ser analisados com um senso mais crítico, de modo que os enganos e os equívocos cometidos anteriormente não sejam repetidos e possam ser retificados a fim de superar os obstáculos que surgem no percurso do desenvolvimento da ciência.

Repetir um fenômeno que já ocorreu com base em experiências de teorias passadas é uma forma de o ser humano encontrar uma resposta segura e precisa acerca dos fenômenos do mundo, o que contribui com o avanço das descobertas científicas. Em seu contexto histórico, o processo de construir e reconstruir um conceito científico a partir das concepções anteriores e a retificação dos erros do passado nos dá a ideia de que todo o conhecimento produzido no mundo da ciência ocorre por meio de um caminho que já foi anteriormente seguido.

Por meio da ideia das sucessivas retificações das teorias anteriores, é possível entender o avanço do conhecimento científico e, nesse pensamento, compreender como retificar os erros passados e superar os obstáculos epistemológicos que atrapalham a evolução da ciência e impedem que esse conhecimento seja difundido é um instrumento que proporciona ao ser humano meios de compreender como acontece o conhecimento.

Com base nas análises sobre o termo *recorrência histórica*, ressaltando que esta acontece no checar das informações do conhecimento passado, assim temos a ideia dos diferentes raciocínios científicos que surgiram ao longo da história da ciência e que foram essenciais para que muitas descobertas fossem feitas através desse pensamento.

No que se refere ao processo de ensino-aprendizagem, cabe ao professor demonstrar para o aluno que o conhecimento científico não é algo absoluto, que não é inquestionável, é preciso enfatizar que a recorrência histórica dos fatos inerentes ao conteúdo que está sendo ensinado foi necessária para que o conceito atual fosse disseminado. Para complementar esse pensamento, Lopes (1993a, p. 327) enfatiza que é "preciso o aluno adquirir a consciência da retificação constante da ciência, do eterno recomeço da razão que se faz toda nova a cada desilusão", tendo o propósito de demonstrar a importância da consulta aos fatos científicos do passado como instrumento norteador na história do conhecimento atual.

A abordagem histórica e filosófica das ciências deve estar presente nos currículos dos cursos de licenciatura de forma interdisciplinar, para permitir o resgate da história e o ensino contextualizado e significativo no ensino fundamental e no ensino médio.

3.5 Perfil epistemológico

Para se entender o que é um perfil epistemológico, o significado do termo *epistemologia* deverá ser compreendido. Essa palavra é derivada do grego *episteme*, que significa "ciência", e *logia*, que significa "conhecimento"; em síntese, poderia ser entendida como a ciência do conhecimento (Chaui, 2001).

Para Chizzotti (1991), a epistemologia é uma área da filosofia que investiga a natureza do conhecimento, tendo como questão central o que é o conhecer, quais são os fundamentos que dão garantias de que é conhecimento aquilo no que se acredita e quais justificativas validam a crença na veracidade do que se afirma constituir o conhecimento, definindo-o como uma crença verdadeira justificada.

De um modo conciso, a noção de perfil epistemológico pode ser entendida como o modo de cada indivíduo superar um obstáculo, tendo em vista que a superação de uma dificuldade não é definitiva e que a superação de um conhecimento anterior não irá implicar a superação de um obstáculo diante de um novo conhecimento.

No processo de aprendizagem, a natureza do conhecimento se dá por diferentes caminhos e diferentes aspectos metodológicos que se constituem em perfis epistemológicos diferentes.

3.5.1 Perfil epistemológico no ensino de Ciências

Para o ensino de ciências, o pensamento epistemológico tem sido de grande importância nos últimos tempos, pois são os trabalhos desenvolvidos nos campos da ciência que demonstram o grande valor da epistemologia na pesquisa e na interpretação de resultados de uma pesquisa e na criação de técnicas e metodologias de ensino.

Como dissemos no capítulo anterior, o que conduz a uma ruptura epistemológica no desenvolvimento dos saberes pode ser entendido como uma descontinuidade que ocorre no desenvolvimento do conhecimento e numa discordância entre o conhecimento comum e o conhecimento científico.

A noção de perfil epistemológico surge porque a superação dos obstáculos epistemológicos nunca é definitiva, pois, como diz Lopes (1992, p. 255), "os obstáculos nunca são definitivamente suplantados, sempre se manifestam diante de um problema novo, pois no homem atual restam vestígios do velho homem".

Desse modo, para que a noção de perfil epistemológico seja compreendida, é necessário ter em mente a ideia de que a superação de um obstáculo que era pertinente ao conhecimento anterior não implica o abandono por completo daquilo que se entende como um obstáculo superado.

Assim, compreender que a superação de um obstáculo para o conhecimento não é realizada de forma definitiva e perceber que cada pessoa apresenta modos diferentes de enxergar, entender e representar a realidade e os fenômenos que ocorrem ao seu redor nos dá a noção do que seria um perfil epistemológico.

Para Martins e Pacca (2005), é com base no pluralismo de "doutrinas filosóficas" que se estende do realismo ao surracionalismo que se funda a noção de perfil epistemológico. De acordo com esses autores, Bachelard utiliza o termo *surracionalismo* numa referência ao alargamento filosófico proporcionado, principalmente, pela ciência em desenvolvimento no início do século XX.

A compreensão de que um obstáculo epistemológico não é totalmente superado e as implicações desse fato são exemplificadas por Gomes e Oliveira (2007), que descrevem que, quando o professor vai ensinar, em Química, a evolução dos modelos atômicos, deve possibilitar a verdadeira compreensão desse conteúdo, pois, dependendo da forma como ele é transmitido, haverá a necessidade de o professor reconhecer *a possibilidade de estabilização do pensamento dos alunos num determinado modelo atômico que não o aceito atualmente, para que o docente trabalhe numa perspectiva de questionar essas concepções fazendo o aluno avançar nesta construção. Ou seja, possibilitar ao estudante a compreensão e a conscientização de que um modelo rompe com o anterior de tal forma que ele possa apreender a constituição da matéria segundo uma concepção de senso comum, de ciência clássica e de ciência quântica. A essa pluralidade de concepções, Bachelard chama "perfil epistemológico", isto é, diferentes formas de ver e representar a realidade.* (p. 109)

Com as argumentações descritas anteriormente, em que apresentamos que cada pessoa possui modos diferentes de enxergar, entender e representar a realidade, no que tange ao conhecimento científico, podemos ter a noção do perfil epistemológico que aparece nas diferentes conceitualizações do meio científico.

Muitos estudos vêm sendo realizados (Gomes; Oliveira, 2007; Almeida, 2005; Zago et al., 2007) a fim de identificar e avaliar os obstáculos epistemológicos, que se constituem em perfis epistemológicos, no processo de ensino-aprendizagem dos conceitos científicos.

Sendo assim, para diferentes conteúdos das ciências naturais, alguns estudos apresentaram os resultados de que trataremos a seguir.

Gomes e Oliveira (2007) desenvolveram um trabalho para identificar obstáculos epistemológicos propostos por Bachelard, relacionados ao ensino de Química no conteúdo de atomística, analisar o porquê dessas manifestações nas respostas dos estudantes da oitava série do ensino fundamental e primeira série do ensino médio e comparar os materiais didáticos utilizados em cada situação de aprendizagem.

Os autores verificaram que, entre os obstáculos epistemológicos existentes, era nítida a dificuldade de superação dos modelos utilizados por parte desses alunos, considerando inclusive que a descrição de alguns desses modelos não é atualmente aceita, mas ainda é descrita em sala de aula, tendo a finalidade de fazer uma abordagem histórica na evolução dos modelos atômicos. Para a aprendizagem do conhecimento científico, é preciso ter um modelo apenas como uma representação, havendo a necessidade de abstrair de suas figuras, metáforas e analogias, buscando, desse modo, a verdadeira compreensão daquele conhecimento.

Nesse trabalho, diagnosticou-se que o conceito de cada modelo é um obstáculo e que as partículas atômicas também não são bem compreendidas pelas séries estudadas. É possível que as duas questões estejam relacionadas, pois as representações dadas para os modelos atômicos podem conduzir a ideias erradas de localização e funcionabilidade.

Com esse trabalho, verificamos que as analogias e os esquemas utilizados para explicar os conteúdos de estrutura atômica se constituem em obstáculos epistemológicos e que cabe ao professor mudar as estratégias e a metodologia aplicada para esse conteúdo, considerado tão abstrato para o entendimento do aluno. No entanto, o processo de construção do conhecimento científico não implica a não utilização dessas analogias, metáforas e esquemas pelo professor em sala de aula. Em certos momentos, principalmente no que se refere ao ensino das ciências naturais, há a necessidade de recorrer a esse tipo de estratégia, visto que ele facilita o entendimento do aluno, porém devem ser usadas com cuidado; o professor deve entender o momento certo de se afastar e de romper com essas fórmulas simplificadas de ensino, para não transformar esse artifício em um obstáculo epistemológico de difícil superação e caracterizar isso em um perfil epistemológico do aluno.

Estudos realizados por Almeida (2005) para avaliar os resultados de pesquisas sobre discursos dos alunos a respeito da fotossíntese, tendo como noção os obstáculos e o perfil epistemológico, revelaram a existência de obstáculos epistemológicos de conhecimento geral, obstáculo verbal e o conhecimento pragmático.

Esses resultados nos permitem entender que na construção do conhecimento científico o modo como o conceito é transmitido ao aluno e a falta de questionamentos, por parte do estudante, sobre o assunto explicado são um obstáculo de conhecimento geral, pois muitas vezes um determinado conceito é passado para o aluno como definitivo, o que facilita o processo de ensino-aprendizagem naquele momento, porém impede que o aluno se interesse pelo assunto e vá em busca da verdadeira mentalidade científica.

Zago et al. (2007) conduziram uma pesquisa com alunos do terceiro ano do ensino médio de sete escolas públicas e duas privadas de Itumbiara, Goiás (GO), e uma escola pública e outra privada de Buriti Alegre (GO), com a finalidade de avaliar as concepções dos alunos sobre os conceitos de fotossíntese. Com os resultados encontrados para essa pesquisa, constatou-se que o entendimento e o conhecimento sobre o tema fotossíntese, por parte dos alunos, são vagos e que existem obstáculos epistemológicos de cunho verbal e pragmático.

Com base nos resultados dos três trabalhos apresentados, verificamos que o professor tem um papel fundamental na construção do conhecimento científico, pois ele deve ser o mediador nesse processo de construção e reconstrução do conhecimento. As aulas experimentais podem auxiliar o aluno no levantamento de dados, hipóteses e testes destas, assim como permitir ao educando a discussão dos dados observados de forma crítica e reflexiva.

Síntese

Neste capítulo abordamos inicialmente as descontinuidades do conhecimento científico para compreender que a visão continuísta do desenvolvimento científico deve ser estudada, já que constantemente temos de romper com conhecimentos anteriores, desconstruí-los e, a partir daí, construir um novo conhecimento.

Nesse propósito, vimos os obstáculos epistemológicos de Bachelard, em que o leitor pôde entender que o conhecimento científico é formado por rupturas epistemológicas causadas pelos obstáculos que surgem nesse processo do conhecimento. Foram apresentados alguns exemplos de como esses obstáculos podem se originar e se estabelecer no mundo da educação.

Tratamos ainda do tema "recorrência histórica", esclarecendo que a construção do conhecimento científico acontece, muitas vezes, por meio da análise de um episódio ou de um fato importante que ocorreu na história da ciência e que pode ser utilizado como instrumento para corrigir possíveis erros cometidos na época de construção de determinada teoria.

Por fim, vimos a conceituação do que seria o perfil epistemológico e como ele se caracteriza para as diferentes pessoas que estão em contato com os conceitos desenvolvidos pela ciência.

Indicações culturais

Leia o artigo *Analogias e metáforas no ensino de Biologia: a árvore da vida nos livros didáticos*, para obter mais informações sobre analogias e metáforas utilizadas como estratégias pedagógicas no ensino da Biologia.

NAGEM, R. L.; MARCELOS, M. de F. Analogias e metáforas no ensino de Biologia: a árvore da vida nos livros didáticos. In: ENCONTRO NACIONAL DE PESQUISA EM EDUCAÇÃO EM CIÊNCIAS, 5., 2005, Bauru, SP. Disponível em: <http://www.gematec.cefetmg.br/Artigos/Fatima%20-%20Analogias%20no%20ensino%20da%20biologia.PDF>. Acesso em: 1º jul. 2008.

Leia o artigo da Revista *Acta Scientiae* para obter mais informações sobre as contribuições da história e da filosofia para o ensino de Química.

LOGUERCIO, R. de Q.; DEL PINO, J. C. Contribuições da história e da filosofia da ciência para a construção do conhecimento científico em contextos de formação profissional da química. **Acta Scientiae**, Canoas, v. 8, n. 1, p. 67-77, jan./jun. 2006. Disponível em: <http://www.editoradaulbra.com.br/catalogo/periodicos/pdf/periodicolv8n1.pdf>. Acesso em: 2 jul. 2008.

Assista ao filme *Contato* e reflita sobre a construção do conhecimento científico.

CONTATO. Direção: Robert Zemeckis. Produção: Steve Starkey e Robert Zemeckis. Estados Unidos: Warner Bros, 1997. 150 min.

Assista ao filme *O Óleo de Lorenzo*, baseado em fatos reais e que trata da vida de um garoto de 6 anos que tem uma rara doença mental.

O ÓLEO de Lorenzo. Direção: George Miller. Produção: George Miller e Doug Mitchell. Estados Unidos, 1992. 135 min.

Atividades de Autoavaliação

1) *Descontinuidades* e *rupturas epistemológicas* são termos muito usados no conhecimento para:
   a) indicar que existe uma discordância entre o conhecimento comum e o conhecimento científico e que é necessário abandonar a ideia de continuidade entre as formas de conhecimento.
   b) sugerir que a produção do conhecimento científico ocorre de modo igual ao do conhecimento do cotidiano.
   c) dar a noção de que o conhecimento do cotidiano, que está muito sedimentado no pensamento das pessoas, deve ser considerado como a verdadeira forma de conhecimento.
   d) dar a ideia de que a ciência caminha através de continuidades e

que o pensamento científico, por seu modo de ser construído, é superior a qualquer outra forma de conhecimento.

2) Os obstáculos epistemológicos, causa de inércia do pensamento científico na concepção de Bachelard, exercem um papel central na construção e na formação do espírito científico. Para responder à questão seguinte, relacione os obstáculos epistemológicos descritos na coluna I com as características de cada obstáculo, mencionadas na coluna II.

Coluna I
(1) Obstáculo verbal.

(2) Obstáculo geral.

(3) Experiência primeira.

Coluna II
( ) Contraposição entre o conhecimento científico e o conhecimento comum.
( ) Ausência da busca pela explicação do fenômeno estudado.
( ) Metáforas e analogias.

Assinale a alternativa que apresente a sequência numérica, de cima para baixo:

a) 3; 1; 2.
b) 1; 2; 3.
c) 3; 2; 1.
d) 1; 3; 2.

3) Sobre os obstáculos epistemológicos, são feitas as seguintes afirmativas:
I) Os obstáculos epistemológicos somente acontecem em sala de aula.
II) Os obstáculos epistemológicos não impedem as rupturas epistemológicas entre o conhecimento científico e o conhecimento comum.
III) Os obstáculos podem surgir por razões de ordem social ou devido a problemas da própria natureza humana.

IV) Não cabe ao professor se esforçar para superar os obstáculos epistemológicos que surgem no decorrer do processo de aprendizagem do conhecimento científico.

V) Os obstáculos epistemológicos são inseparáveis do processo de conhecimento, no qual o conhecimento comum pode ser considerado como um obstáculo ao conhecimento científico.

Identifique a alternativa que apresenta as afirmativas corretas:
a) Somente I, II, IV e V.
b) Somente I.
c) Somente III e V.
d) Somente I, II, III e V.

4) Com base nos conhecimentos sobre recorrência histórica, é **incorreto** afirmar:
a) A construção do conhecimento científico pode acontecer somente por meio da análise de um episódio ou de um fato importante na história da ciência; caso contrário, isso se torna difícil de acontecer.
b) Para Bachelard, um pensamento deve se formar contra um conhecimento anterior.
c) O contexto histórico no qual um determinado episódio histórico se insere retrata a importância dos conhecimentos contemporâneos no estudo do desenvolvimento do pensamento científico.
d) Na formação de um conceito científico os conceitos passados devem ser levados em consideração, pois, apesar dos erros cometidos na sua formação, em uma dada época histórica, esses mesmos erros foram necessários para que a ciência progredisse.

5) Na visão de Bachelard, o desenvolvimento da ciência:
a) é um processo imutável que ocorre numa ação linear e acumulativa.
b) não sofre mudanças, porém, configura-se num processo ativo e dinâmico.
c) ocorre por continuidades, não havendo a necessidade da reconstrução de um conhecimento científico.
d) acontece por processos descontínuos com obstáculos e rupturas.

Atividades de Aprendizagem

Questões para Reflexão

1. Faça uma pesquisa e escreva um texto ressaltando os pontos positivos e os negativos do conhecimento científico.
2. Apresente as cinco contribuições que Bachelard trouxe para o desenvolvimento da aprendizagem científica.

Atividades Aplicadas: Prática

1. Pesquise e organize um quadro citando os fatores que você considera como obstáculos no processo de aprendizado dos conceitos científicos e também sugira técnicas que possam ser utilizadas em sala de aula para minimizar essas dificuldades.
2. Selecione alguns livros didáticos de Química e Biologia e identifique algumas metáforas e analogias utilizadas como estratégias pedagógicas na explicação de conteúdos considerados complexos nessas duas áreas das ciências naturais e que se constituem em obstáculos epistemológicos para o verdadeiro conhecimento científico.

Capítulo 4

No capítulo anterior, estudamos as contribuições deixadas por Bachelard para o ensino de Ciências por meio das epistemologias desse pensador.

Partindo dos pressupostos teóricos abordados até aqui, vimos as ciências naturais como a área da ciência que tem por objetivo estudar os objetos e os fenômenos da natureza, por intermédio de pesquisas e procedimentos experimentais.

Neste capítulo, apresentaremos ao leitor os principais fatos históricos que marcaram a trajetória dessa área da ciência, bem como o processo de ensino-aprendizagem dessa área do conhecimento.

Pretendemos, ainda, abordar as práticas educativas realizadas em sala de aula que podem tornar o aprendizado do conhecimento científico desatualizado e ineficaz.

Por fim, veremos como a filosofia, por meio de suas concepções, pode contribuir com o processo de construção do conhecimento científico.

Aplicação dos fundamentos filosóficos do ensino de Ciências Naturais

4.1 Ciências Naturais

As áreas de ciências da natureza aqui tratadas como química e biologia têm por objetivo estudar objetos e fenômenos da natureza, e a metodologia aplicada para o aprendizado dessas duas áreas do conhecimento se dá sob a forma de investigação, pesquisas e procedimentos experimentais rigorosos.

Segundo Chaui (2001, p. 263), em qualquer das três concepções de ciência (racional, empírica ou construtivista), consideramos que as ciências da natureza:

~ *estudam fatos observáveis que podem ser submetidos aos procedimentos de experimentação;*

~ *estabelecem leis que exprimem relações necessárias e universais entre os fatos investigados e que são de tipo causal;*

~ *concebem a natureza como um conjunto articulado de seres e de acontecimentos interdependentes, ligados ou por relações necessárias de causa e efeito, subordinação e dependência, ou por relações entre funções invariáveis e ações variáveis;*

~ *buscam constâncias, regularidades, frequências e invariantes dos fenômenos, isto é, seus modos de funcionamento e de relacionamento, bem como estabelecem os meios teóricos para a previsão de novos fatos.*

Com base nessas considerações, compreendemos que as ciências naturais apresentam um modo organizado de trabalho que permite criteriosas observação, interpretação e explicação dos fenômenos.

O método científico consagrou o uso da experiência como método de busca do conhecimento e foi por meio dele que as ciências da natureza se desenvolveram. Com a fragmentação do saber, cada ciência da natureza se especializou em um objeto de estudo e, desse modo, podemos afirmar que

> Química: é a ciência que estuda a matéria e as transformações que nela ocorrem.
> Biologia: é a ciência que estuda os seres vivos e os mecanismos que regulam suas atividades vitais.

O desenvolvimento da ciência se iniciou a partir do século XVII e, entre as ciências naturais aqui tratadas, podemos dizer que a química é uma das mais recentes. Sua utilização pelos filósofos foi muito escassa, pois, embora ela já apresentasse uma metodologia própria, estava ainda submetida aos procedimentos metodológicos da física. No entanto, a biologia já apresentava uma teoria estruturada desde os tempos de Descartes.

A química só tomou novos rumos e adquiriu caráter científico em meados do século XVIII, por meio dos trabalhos de Antoine-Laurent Lavoisier (1743-1794), considerado um dos fundadores da química moderna. Tanto a química quanto a biologia passaram por transformações no decorrer dos anos, e grandes descobertas foram possíveis graças à tecnologia aplicada a essas duas áreas das ciências. Para tanto, é importante lembrar de alguns fatos históricos importantes no que concerne à química e à biologia nesse momento que servirão como indicadores do processo de estruturação de cada uma dessas ciências.

Inicialmente, retrataremos como ocorreu a construção da evolução do conhecimento químico desde o século XVII, através dos principais trabalhos realizados nessa área.

A ciência química teve nos estudos realizados pelo físico, químico e filósofo Robert Boyle o marco inicial da noção que temos, atualmente, de Química moderna, em meados do século XVII, por meio de seus trabalhos desenvolvidos sobre os gases.

Segundo Chassot (1994), no século XVIII, a química, ainda marcada pela alquimia, passou por uma revolução, fato previsto no modelo epistemológico de Thomas S. Kuhn, que considera que a ciência se desenvolve por meio de revoluções científicas.

No final do século XVIII, Lavoisier foi um dos principais causadores dessa revolução, o que o levou a ser considerado o pai da química e sua obra *Traité elementaire de chimie* (*Tratado elementar de química*), publicada em 1789, a ser vista como referencial para a química moderna. Os trabalhos de Lavoisier, realizados através de métodos quantitativos, com o uso de balanças de precisão, termômetros e outros equipamentos, contribuíram para o nascimento da química como uma ciência experimental.

Nos seus experimentos, ele conseguiu provar que em uma reação química, que ocorre em ambiente fechado, a massa total do sistema antes e depois da reação é a mesma. Devido a isso, Lavoisier enunciou o princípio da conservação da massa, o qual diz que "na natureza nada se cria, nada se perde, tudo se transforma".

Ainda outros nomes merecem ser lembrados como personagens importantes dessa história, entre eles, John Dalton, Joseph Thomson, Ernest Rutherford, Niels Bohr, pelas significativas contribuições que deram para a compreensão da evolução dos modelos atômicos.

Outros cientistas, como Dmitri I. Mendeleyev (classificação periódica dos elementos), Friedrich Wöhler (síntese da ureia), August Kekule (química orgânica) e Marie Curie (radioatividade), entre outros, foram imprescindíveis no desenvolvimento da química, impulsionando as investigações sobre o conhecimento químico.

No século XXI, a química é considerada uma ciência natural que estuda a natureza dos materiais, sua composição, suas propriedades e suas transformações, bem como a energia envolvida nesses processos e a produção de novos materiais. O desenvolvimento dessa ciência tem permitido ao homem não só controlar as transformações já conhecidas, tornando-as mais lentas ou mais rápidas, como também obter um número cada vez maior de materiais.

Na área de Biologia, muitos foram os trabalhos que serviram para consolidar essa ciência como a que estuda os seres vivos e, como já descrito anteriormente, muito desses estudos devem-se aos trabalhos realizados por Aristóteles, que aperfeiçoou as observações sobre a classificação das espécies.

As ciências biológicas tiveram um grande desenvolvimento no século XIX e, entre muitos trabalhos realizados nessa área, podemos citar as contribuições dadas pelo médico William Harvey, que propôs um novo modelo referente à circulação do sangue, e as do britânico Charles

Darwin, que elaborou a teoria de seleção natural, desenvolvendo muitas pesquisas sobre a evolução das espécies.

No ano de 1865, Gregor Mendel apresentou os trabalhos que havia desenvolvido na área de genética, sobre o mecanismo da transmissão de características entre os seres vivos. Cabe lembrar que inicialmente Mendel teve seu trabalho rejeitado pelo mundo científico, para somente no início do século XX ser devidamente reconhecido. Atualmente suas leis, conhecidas como *leis de Mendel*, são o fundamento da genética moderna.

Destacamos ainda que a biologia fez grandes progressos com as descobertas de renomados cientistas, entre eles o alemão Mathias Schleiden, que propôs a teoria celular; os trabalhos desenvolvidos por Louis Pasteur, na área da bacteriologia, e os trabalhos realizados pelo inglês Francis H. C. Crick e o norte-americano James D. Watson pela descoberta da molécula de DNA.

No que compete ao processo de ensino-aprendizagem para a química e a Biologia, também é necessário saber que ambas se desenvolvem por meio da observação dos fatos, o que contribuiu para que essas disciplinas fossem consideradas ciências experimentais.

O processo de aprendizagem de uma ciência é complexo, especialmente o ensino da química, e tem início a partir da concepção do que é a matéria e dos fenômenos que nela ocorrem. No processo de construção do conhecimento químico, os fenômenos ou transformações que dão origem a novos materiais e o reconhecimento de que a química é uma ciência que, com todos os seus benefícios e riscos, está presente nas mais diversas atividades humanas devem ser enfatizados.

Para o ensino de Biologia, o processo de aprendizagem inicia com o conhecimento do mundo dos seres vivos e de como se organizam e se mantêm em perfeito equilíbrio ecológico, terminando esse processo por evidenciar o modo de compreender e manipular os recursos naturais.

Assim, os conhecimentos apresentados pelas disciplinas de química e biologia demonstram como essas duas áreas das ciências naturais buscam formas de o homem compreender e intervir ainda mais sobre os fenômenos da natureza, em seus diferentes aspectos, e de mostrar qual a relação existente entre elas.

4.2 O ensino de Ciências Naturais

O ensino de ciências envolve princípios teórico-metodológicos, estando estes sujeitos a transformações, reestruturações e revisões dentro do contexto dinâmico em que está inserido o método científico.

No que tange ao ensino de ciências naturais, a observação e a busca por explicações são aspectos metodológicos desenvolvidos para o acesso ao conhecimento científico, tendo em vista que tais aspectos são fatores de essencial importância, pois é na observação e na constatação de fatos que o conhecimento científico se manifesta.

Podemos dizer, assim, que nas ciências naturais a construção do conhecimento é efetuada a partir de relações de conceitos, os quais são inseridos na prática do professor em sala de aula. Porém, muitas vezes, esse conhecimento é passado de forma que seja interpretado como um processo definido e confiável.

Tendo em vista que o processo de aprendizado de conteúdos numa ciência experimental, como a química ou a biologia, requer tempo e perseverança, cabe ao professor o papel de estabelecer critérios e estratégias pedagógicas, como forma de orientar, questionar e apontar relações sobre fatos ou fenômenos estudados em sala de aula.

No processo de aprendizado em geral, a produção do conhecimento científico é sustentada em pressupostos de natureza construtivista, sendo que esta é estabelecida pela concepção de ciência como uma construção humana, em que o pensamento do aluno é valorizado.

Sobre esse fato, Moreira e Ostermann (1993, p. 115) afirmam que

essa construção não é um processo cumulativo, linear. Existem crises, rupturas, profundas remodelações nessas construções. Conhecimentos cientificamente aceitos hoje poderão ser ultrapassados amanhã. A ciência é viva. O conhecimento científico cresce e evolui não por mera acumulação, mas principalmente por reformulação do conhecimento prévio.

Na teoria construtivista do conhecimento, a proposta de aprendizagem do conhecimento científico é inovadora e interessante, visto que o saber não é transmitido e o aluno é tido como o centro desse processo, o qual deve construir seus conhecimentos a partir da interpretação de suas próprias experiências, daquilo de que ele já tem conhecimento.

Apesar de o construtivismo ser um referencial para a maioria dos educadores, a prática tradicional de ensinar os conteúdos científicos ainda é muito usada, evidenciando a ciência como um conhecimento estático, pronto e acabado, no qual o aluno encontra um obstáculo que dificulta o seu verdadeiro aprendizado.

No processo de aprendizagem científica, é necessário que o aluno encontre condições favoráveis para a superação desses obstáculos e, nesse sentido, o professor tem o papel de mediador desse processo, devendo promover a transposição desses obstáculos e o esclarecimento das dúvidas que surgirão no caminho.

Então, diante desse quadro teórico, é possível concluir que os conhecimentos da filosofia acerca da ciência e de suas metodologias poderiam contribuir para o ensino de ciências naturais, tendo esses conhecimentos a função de discutir a dimensão humanística do homem na sociedade de que faz parte.

4.3 Contribuições filosóficas no ensino de Ciências Naturais

Com a extensa abordagem que foi retratada sobre as concepções filosóficas na história da ciência nos três capítulos anteriores, foi possível compreender que existem aspectos que demarcam o conhecimento científico do não científico.

Diante dos pressupostos teóricos até aqui relatados, entendemos que os fundamentos filosóficos no desenvolvimento das ciências naturais seriam instrumentos de grande valia.

Isso pode ser verificado nos trabalhos desempenhados por Bachelard na área de educação das ciências, pois sua preocupação com os fundamentos e o desenvolvimento de um "novo espírito científico", segundo Cunha e Florido (2005), levaram-no a combater as formas tradicionais de ensino e a propor para a ciência nova uma nova pedagogia.

Assim, numa situação em que o professor ministra sua aula sobre um determinado conteúdo científico, demonstrando que aquele conteúdo é imutável, limitado, estando pronto e acabado, essa prática educativa tende a reforçar no aluno a ideia de que as teorias científicas são verdadeiras e absolutas e que elas não irão passar por modificações ao longo do tempo.

Sob esse ponto de vista, os PCN nos mostram que, tanto para a área da química quanto para a biologia, a prática pedagógica do professor de transmitir um conteúdo científico como se fosse verdade absoluta tende a ser prejudicial para entendimento do aluno.

Desse modo, para o ensino da biologia, os PCN (Brasil, 1999, p. 219) afirmam que

> O aprendizado da Biologia deve permitir a compreensão da natureza viva e dos limites dos sistemas explicativos, a contraposição entre os mesmos e a compreensão de que a ciência não tem respostas definiti-

vas para tudo, sendo uma de suas características a possibilidade de ser questionada e de se transformar.

No que diz respeito ao conhecimento da química, os PCN sugerem que

> Na interpretação do mundo através das ferramentas da Química, é essencial que se explicite seu caráter dinâmico. Assim, o conhecimento químico não deve ser entendido como um conjunto de conhecimentos isolados, prontos e acabados, mas sim uma construção da mente humana, em contínua mudança. (Brasil, 1999, p. 240)

Essas declarações, feitas pelos PCN para as duas áreas do conhecimento das ciências naturais, reforçam o pensamento de que o conhecimento científico não pode ser compreendido como imutável e inquestionável, mas, sim, de que está em constante transformação e que, segundo as concepções de Bachelard, acontece por processos descontínuos com rupturas científicas.

Assim, para que a aprendizagem de conteúdos no ensino de ciências naturais seja eficiente, algumas práticas pedagógicas utilizadas em sala de aula devem ser repensadas, visto que um conhecimento novo se dá diante de um conhecimento anterior.

Nesse contexto, é tido como uma mudança pedagógica o fato de o professor, ao ministrar um conteúdo científico, valorizar e levar em conta o conhecimento prévio do aluno sobre aquele assunto, seja baseado em teorias científicas corretas ou não, pois, ao relacionar o seu conhecimento com o conhecimento do professor, o aluno será capaz de construir o seu próprio conhecimento sobre as descobertas científicas.

Assim, o conhecimento prévio do aluno deve ser valorizado nos processos de aprendizagem dos conteúdos científicos, sendo o aluno desafiado a superar seus limites diante dos obstáculos que surgem nesse caminho, tornando-se, assim, um sujeito questionador, criativo, crítico e que não aceita o conhecimento como algo pronto e acabado.

Nesse processo de aprendizagem, em que as ideias são questionadas e discutidas racionalmente em vez de serem aceitas como verdadeiras, é uma característica peculiar da filosofia, sem a qual a ciência não se poderia ter desenvolvido, posto que, segundo Russel (1977, p. 8), "a ciência interessa-se mais em resolver problemas específicos, delimitados, enquanto a filosofia busca alcançar uma visão global, harmônica e crítica do saber humano".

Nos PCN, a ligação entre a ciência e as concepções da filosofia ao longo da história é evidenciada do seguinte modo: "Ao longo da história da humanidade, várias foram as explicações para o surgimento e a diversidade da vida, de modo que os modelos científicos conviveram e convivem com outros sistemas explicativos como, por exemplo, os de inspiração filosófica ou religiosa" (Brasil, 1999, p. 219).

No ensino de ciências naturais, é necessário que o professor promova o espírito crítico e intelectual do aluno, tornando-o um sujeito questionador, capaz de criar condições de aprendizagem que o levem à produção de um novo conhecimento científico (contínuo-descontínuo).

Para esse propósito, Malacarne (2005, p. 39) defende que

> *ao ensinar ciências (ou Química, Física e Biologia) há a necessidade de que não apenas se repasse os conhecimentos advindos destas áreas, é necessário construir sentido a eles para si (professor) e possibilitar que os alunos também o construam e, nesta busca pela significância das coisas no e para o mundo, a filosofia se coloca à disposição com todo o ferramental que lhe é próprio e se justifica enquanto conhecimento útil e necessário.*

Concluímos, então, que as aplicações dos fundamentos filosóficos do ensino de Ciências Naturais podem contribuir para a reflexão crítica do aluno a respeito de como um conteúdo científico é transmitido e da forma de construir esse conhecimento científico, pois, como afirmam Aranha e Martins (1998, p. 81), "a filosofia é o pensar crítico sobre todas as áreas do saber e agir humanos, que revela seus princípios e fundamentos e faz ver a possibilidade de outros mundos, outros modos de vida, baseados em outros princípios".

Síntese

Neste capítulo, apresentamos os principais aspectos das ciências naturais, aqui tratadas como Química e Biologia, indicando como essas áreas do conhecimento são definidas e qual é o seu objeto de estudo, bem como os fatos históricos marcantes que consolidaram o caráter científico dessas duas disciplinas.

Abordamos a formação do conhecimento científico no ensino de ciências naturais, retratando as características e os aspectos que norteiam a prática pedagógica dos professores dessa área.

Por fim, pelos assuntos abordados no capítulo anterior, foi evidenciada a importância da contribuição dos fundamentos filosóficos no processo de ensino-aprendizagem das ciências naturais, não apenas como um meio de promover uma melhor compreensão dos fatos acerca do desenvolvimento da ciência no contexto histórico, mas como uma forma de direcionar a prática pedagógica dos professores dessa área do conhecimento.

Indicações culturais

Leia os artigos a seguir para obter mais informações sobre as contribuições da história e da filosofia para o ensino de Química.

GIORDAN, M. O papel da experimentação no ensino de ciências. **Química Nova na Escola**, São Paulo, n. 10, p. 43-49, nov. 1999.

Disponível em: <http://qnesc.sbq.org.br/online/qnesc10/pesquisa.pdf>. Acesso em: 1º jul. 2008.

SILVA, S. F.; NÚÑEZ, I. B. O ensino por problemas e trabalho experimental dos estudantes – reflexões teórico-metodológicas. **Química Nova**, São Paulo, v. 25, n. 6b, p. 1197-1203, nov./dez. 2002. Disponível em: <http://www.scielo.br/scielo.php?script=sci_arttext&pid=S0100-40422002000700023&lng=in&nrm=iso&tlng=in>. Acesso em: 30 jun. 2008.

Leia o livro *Alquimistas e químicos: o passado, o presente e o futuro*, para obter mais informações sobre as fases marcantes da evolução do conhecimento químico, desde as artes químicas das civilizações antigas até a ciência moderna.

VANIN, J. A. **Alquimistas e químicos**: o passado, o presente e o futuro. São Paulo: Moderna, 1994. (Polêmica).

Assista ao filme *A Guerra do Fogo*, que retrata a vida do homem nos seus primórdios, sob o domínio do fogo. Mostra ainda a detenção do conhecimento pelo homem por meio da relação de poder com a tecnologia.

A GUERRA do fogo. Direção: Jean-Jacques Annaud. Produtora: Belstar Productions. França: Fox Film, 1981. 100 min.

Atividades de Autoavaliação

1. A respeito das ciências naturais, assinale (V) para as afirmativas verdadeiras e (F) para as falsas. Entre quaisquer das concepções de ciência, as quais podem ser racionais, empíricas ou construtivistas, consideramos como propostas das ciências naturais:

( ) buscar constâncias, frequências e invariantes dos fenômenos estudados.

( ) estudar os fenômenos de forma precisa e concisa, por meio de observações e experimentações, de modo que suas teorias sejam aceitas como sendo inquestionáveis.

( ) conceber a natureza como um conjunto articulado de seres e acontecimentos interdependentes, ligados ou por relações necessárias de causa e efeito, subordinação e dependência, ou por relações entre funções invariáveis e ações variáveis.

( ) estabelecer leis que exprimem relações de subordinação e independência dos seres que compõem a natureza.

A sequência correta é:

a) V, F, F, V.
b) F, V, F, V.
c) F, F, V, F.
d) V, F, V, F.

2. A noção que temos atualmente de Química moderna foi consolidada por meio dos trabalhos realizados nessa área por:
a) Marie Curie.
b) August Kekule.
c) Dmitri I. Mendeleyev.
d) Robert Boyle.

3. O conhecimento transmitido por meio das teorias de aprendizagem construtivistas tem seus pressupostos baseados no fato de que:
a) o professor tem papel central no processo de ensino-aprendizagem.
b) o aluno será o mediador na construção do verdadeiro conhecimento científico.

c) o aluno deve construir seus conhecimentos a partir da interpretação de suas próprias experiências e daquilo de que já tem conhecimento.

d) o professor deve conservar todas as suas práticas pedagógicas tradicionais para que a aprendizagem seja efetiva.

4. Os fundamentos filosóficos do ensino de ciências naturais podem contribuir com o processo de aprendizagem dessa área de ensino. Nesse processo, dada a importância dessa contribuição, é considerada como uma característica peculiar da filosofia:

   a) articular para que a aprendizagem seja efetiva de um modo criativo, com base na observação e na experimentação dos fatos.

   b) promover que as ideias sobre um fato sejam questionadas e discutidas racionalmente, em vez de serem aceitas como verdadeiras.

   c) transmitir a construção do conhecimento científico como pronto, limitado e inquestionável.

   d) demonstrar que a construção do conhecimento é feita por meio de rupturas e continuidades epistemológicas.

5. Sobre as práticas educativas realizadas em sala para construção do conhecimento científico, são formuladas as seguintes proposições:

   I) A ideia de que as teorias científicas são verdadeiras e absolutas e de que elas não passarão por modificações ao longo do tempo promove a construção do conhecimento.

   II) Na construção do conhecimento deve ser evidenciado que esse não é um processo cumulativo e linear, existindo crises e rupturas nesse caminho.

   III) No processo de ensino-aprendizagem, o professor deve considerar o conhecimento prévio do aluno e mesmo assim transmitir o seu conhecimento como verdadeiro, pois o conhecimento do aluno não se fundamenta em fatos científicos.

IV) No aprendizado precisa ser compreendido que o aluno deve ser incentivado a exercer e desenvolver suas capacidades de criação e de crítica.

São corretas:

a) Somente a alternativa I.
b) As alternativas II e IV.
c) As alternativas I, II e III.
d) As alternativas III e IV.

Atividades de Aprendizagem

Questões para Reflexão

Pense e discuta com seu grupo de estudos as seguintes questões:
1. Todas as respostas dadas pela ciência devem ser questionadas?
2. A ciência é uma forma segura de conhecimento?

Atividades Aplicadas: Prática

1. Assista ao filme A *Guerra do Fogo* (apresentado nas indicações culturais deste capítulo) e organize um resumo sobre as principais características do conhecimento retratadas no filme.
2. Elabore um texto citando algumas contribuições filosóficas no ensino de ciências naturais.

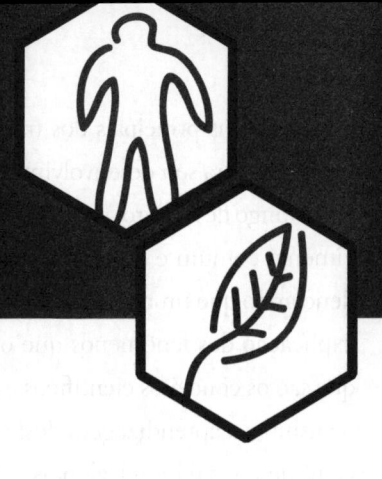

Considerações finais

Entender e explicar os fenômenos do mundo para nele poder intervir sempre foi o principal objetivo do homem.

Nessa busca, o homem passou por diferentes fases do conhecimento, até chegar ao estágio em que o pensamento racional e filosófico teria dado as respostas a seus questionamentos, fazendo surgir a ciência propriamente dita.

Iniciamos a trajetória pela história da ciência, retratando os fatos históricos mais importantes que marcaram época e que culminaram na consolidação da ciência como área do conhecimento, bem como as características principais dos trabalhos de célebres pensadores que contribuíram para seu desenvolvimento.

Ao longo deste livro, retratamos as características peculiares do conhecimento comum e do conhecimento científico, diferenciando-os e evidenciando que uma forma de conhecimento está interligada a outra na explicação dos fenômenos que ocorrem ao nosso redor. Analisamos o que são os conceitos científicos e as práticas pedagógicas aplicadas para o ensino e a aprendizagem destes, deixando claro que o conhecimento científico não é imutável, pois constantemente as teorias científicas são modificadas.

Ao analisar as contribuições de Gaston Bachelard no ensino de ciências, com base em suas epistemologias, abordamos um dos entraves que surgem na construção do conhecimento científico: os obstáculos epistemológicos, que não são superados por definitivo, tendo em vista que um novo conhecimento científico se dá por meio de um conhecimento anterior.

Finalmente chegamos à aplicação dos fundamentos filosóficos do ensino de ciências naturais. Nesse momento da nossa trajetória, os fatos mais marcantes ocorridos no campo da Química e da Biologia foram relatados, bem como a importância da contribuição dos fundamentos filosóficos no processo de ensino-aprendizagem das ciências naturais, não apenas como um meio de promover uma melhor compreensão dos fatos acerca do desenvolvimento da ciência no contexto histórico, mas como uma forma de direcionar a prática pedagógica dos professores dessa área do conhecimento.

Esperamos que esta obra tenha proporcionado ao leitor uma agradável viagem através dos tempos, a qual teve o intuito de mostrar uma visão cronológica e filosófica de cada época da história da ciência, despertando nele o interesse e a curiosidade na busca de novas descobertas.

Referências

ALMEIDA, R. O. de. Noção de fotossíntese: obstáculos epistemológicos na construção do conceito científico atual e implicações para educação em ciências. **Candombá**, Salvador, v. 1, n. 1, p. 16-32, jan./jun. 2005. Disponível em: <http://www.fja.edu.br/candomba/2005-v1n1/pdfs/RosileiaAlmeida2005v1n1.pdf>. Acesso em: 2 jul. 2008.

ANDRADE, B. L.; ZYLBERSZTAJN, A.; FERRARI, N. As analogias e metáforas no ensino de ciências à luz da epistemologia de Gaston Bachelard. **Ensaio**, Belo Horizonte, v. 2, n. 2, p. 1-11, dez. 2002. Disponível em: <http://www.fae.ufmg.br/ensaio/v2_2/beatrice.pdf>. Acesso em: 2 jul. 2008.

ARANHA, M. L. A. **Filosofia da educação**. 2. ed. São Paulo: Moderna, 1996.

ARANHA, M. L. A.; MARTINS, M. H. P. **Filosofando**: introdução à filosofia. 3. ed. rev. São Paulo: Moderna, 2003.

_____. **Temas de filosofia**. 2. ed. São Paulo: Moderna, 1998.

BACHELARD, G. **A filosofia do não**: filosofia do novo espírito científico. São Paulo: Abril Cultural, 1984. (Os Pensadores).

_____. **A formação do espírito científico**: contribuição para uma psicanálise do conhecimento. Rio de Janeiro: Contraponto, 1996.

_____. **Epistemologia**: trechos escolhidos. Organização de Dominique Lecourt. Rio de Janeiro: Zahar, 1983.

BACON, F. **Novum Organum**. 4. ed. São Paulo: Nova Cultural, 1988. (Os Pensadores).

BRASIL. Ministério da Educação. Secretaria de Educação Fundamental. **Parâmetros Curriculares Nacionais**: ciências naturais. Brasília: MEC/SEF, 1997. v. 4. Disponível em: <http://portal.mec.gov.br/seb/arquivos/pdf/livro04.pdf>. Acesso em: 2 jul. 2008.

BRASIL. Ministério da Educação. Secretaria de Educação Média e Tecnológica. **Parâmetros Curriculares Nacionais**: ensino médio. Brasília: MEC, 1999.

CARVALHO, A. M. P.; GIL-PÉREZ, D. **Formação de professores de ciências**: tendências e inovações. São Paulo: Cortez, 2001.

CHALITA, G. **Vivendo a filosofia**. 3. ed. São Paulo: Ática, 2006.

CHASSOT, A. **A ciência através dos tempos**. São Paulo: Moderna, 1994.

CHAUI, M. A ciência na história. In: _____. **Convite à filosofia**. São Paulo: Ática, 2000a. Disponível em: <http://www.cefetgo.br/pensar/pages/convite/cnvt/und07/t02.htm>. Acesso em: 5 ago. 2008.

_____. Atitude científica. In: _____. **Convite à filosofia**. São Paulo: Ática, 2000b. Disponível em: <http://www.cefetgo.br/pensar/pages/convite/cnvt/und07/t01.htm>. Acesso em: 6 ago. 2008.

_____. **Convite à filosofia**. 12. ed. São Paulo: Ática, 2001.

_____. _____. 13. ed. São Paulo: Ática, 2005.

CHAVES FILHO, M. M. F.; CHAVES, S. M. L. F. A ciência positivista: o mundo ordenado. **Iniciação Científica**, Maringá, v. 2, n. 2, p. 69-75, ago./dez. 2000. Disponível em: <http://www.cesumar.br/pesquisa/periodicos/index.php/iccesumar/article/viewFile/28/274>. Acesso em: 13 jul. 2008.

CHIZZOTTI, A. **Pesquisa em ciências humanas e sociais**. São Paulo: Cortez, 1991.

COTRIM, G. **Fundamentos da filosofia**: história e grandes temas. 15. ed. São Paulo: Saraiva, 2002.

CUNHA, E. S.; FLORIDO, J. **Grandes filósofos**: biografias e obras. São Paulo: Nova Cultural, 2005.

DEMO, P. **Metodologia científica em ciências sociais**. 3. ed. São Paulo: Atlas, 1995.

FREIRE-MAIA, N. **A ciência por dentro**. 5. ed. Rio de Janeiro: Vozes, 1998.

GIORDAN, M. O papel da experimentação no ensino de ciências. **Química Nova na Escola**, São Paulo, n. 10, p. 43-49, nov. 1999. Disponível em: <http://qnesc.sbq.org.br/online/qnesc10/pesquisa.pdf>. Acesso em: 27 jun. 2008.

GOMES, H. J. P.; OLIVEIRA, O. B. de. Obstáculos epistemológicos no ensino de ciências: um estudo sobre suas influências nas concepções de átomo. **Ciências & Cognição**, Rio de Janeiro, ano 4, v. 12, p. 96-109, dez. 2007. Disponível em: <http://www.cienciasecognicao.org/artigos/v12/m347194.htm>. Acesso em: 2 jul. 2008.

HOUAISS; A.; VILLAR, M. de S. **Dicionário eletrônico Houaiss da língua portuguesa**. Rio de Janeiro: Objetiva, 2001. 1 CD-ROM.

JACOBINA, R. R. O paradigma da epistemologia histórica: a contribuição de Thomas Kuhn. **História, Ciência, Saúde-Manguinhos**, Rio de Janeiro, v. 6, n. 3, p. 609-630, nov. 1999/fev. 2000. Disponível em: <http://www.scielo.br/scielo.php?pid=S0104-59702000000400006-&script=sci_arttext&tlng=pt>. Acesso em: 13 jul. 2008.

KUHN, T. S. **A estrutura das revoluções científicas**. 6. ed. São Paulo: Perspectiva, 2001.

LIPMAN, M.; SHARP, A. M.; OSCANYAN, F. S. **A filosofia na sala de aula**. São Paulo: Nova Alexandria, 2001.

LOPES, A. R. C. A concepção de fenômeno no ensino de química brasileiro através dos livros didáticos. **Química Nova**, São Paulo, v. 17, n. 4, p. 338-341, 1994. Disponível em: <http://quimicanova.sbq.org.br/qn/qnol/1994/vol17n4/v17_n4_%20(14).pdf>. Acesso em: 2 jul. 2008.

LOPES, A. R. C. Bachelard: o filósofo da desilusão. **Caderno Catarinense de Ensino de Física**, Florianópolis, v. 13, n. 3, p. 248-273, 1996. Disponível em: <http://www.fsc.ufsc.br/cbef/port/13-3/artpdf/a5.pdf>. Acesso em: 2 jul. 2008.

_____. Contribuições de Gaston Bachelard no ensino de ciências. **Enseñanza de las Ciencias**, Barcelona, v. 11, n. 3, p. 324-330, 1993a.

_____. Livros didáticos: obstáculos ao aprendizado da ciência química. **Química Nova**, São Paulo, v. 15, n. 3, p. 254-261, 1992. Disponível em: <http://quimicanova.sbq.org.br/qn/qnol/1992/vol15n3/v15_n3_%20 (16).pdf>. Acesso em: 2 jul. 2008.

_____. Livros didáticos: obstáculos verbais e substancialistas ao aprendizado da ciência química. **Revista Brasileira de Estudos Pedagógicos**, Brasília, v. 74, n. 177, p. 309-334, maio/ago. 1993b. Disponível em: <http://rbep.inep.gov.br/index.php/RBEP/article/view/346/356>. Acesso em: 2 jul. 2008.

MALACARNE, V. Contribuições da filosofia para o ensino das ciências naturais: a humanização nas ciências. **Analecta**, Guarapuava, v. 6, n. 1, p. 31-44, jan./jun. 2005. Disponível em: <http://www.unicentro.br/editora/revistas/analecta/v6n1/03%20Artigo.pdf>. Acesso em: 2 jul. 2008.

MARTINS, A. F. P.; PACCA, J. L. de A. O conceito de tempo entre estudantes de ensino fundamental e médio: uma análise à luz da epistemologia de Gaston Bachelard. **Investigações em Ensino de Ciências**, Porto Alegre, v. 10, n. 3, p. 299-336, 2005. Disponível em: <http://www.if.ufrgs.br/ienci/artigos/Artigo_ID133/v10_n3_a2005.pdf>. Acesso em: 2 jul. 2008.

MARTINS, R. de A. **O universo**: teorias sobre sua origem e evolução. São Paulo: Moderna, 1994.

MELO, A. C. S. **Contribuições da epistemologia histórica de Bachelard no estudo da evolução dos conceitos da óptica**. 2005. Dissertação (Mestrado em Educação Científica e Tecnológica) – Universidade Federal de Santa Catarina, Florianópolis, 2005.

MONDIN, B. **Introdução à filosofia**: problemas, sistemas, autores, obras. São Paulo: Paulus, 1980. (Filosofia, 2).

MORAIS, R. **Filosofia da ciência e da tecnologia**. 5. ed. Campinas: Papirus, 1988.

MOREIRA, M. A.; OSTERMANN, F. Sobre o ensino do método científico. **Caderno Catarinense de Ensino de Física**, v. 10, n. 2, p. 108-117, ago. 1993. Disponível em: <http://www.fsc.ufsc.br/ccef/port/10-2/artpdf/a1.pdf>. Acesso em: 14 jul. 2008.

MORIN, E. **O método**: o conhecimento do conhecimento. Portugal: Europa-América, 1986.

NÓBREGA, O. S.; SILVA, R. E.; SILVA, R. H. **Química**: volume único. São Paulo: Ática, 2005.

POPPER, K. R. **A lógica da pesquisa científica**. 2. ed. São Paulo: Cultrix, 1975.

REALE, M. **Introdução à filosofia**. 4. ed. São Paulo: Saraiva, 2002.

REZENDE, F.; OSTERMANN, F. A prática do professor e a pesquisa em ensino de física: novos elementos para repensar essa relação. **Caderno Brasileiro do Ensino de Física**, Florianópolis, v. 22, n. 3, p. 316-337, dez. 2005. Disponível em: <http://www.fsc.ufsc.br/cbef/port/22-3/artpdf/a2.pdf>. Acesso em: 2 jul. 2008.

RODRIGUES, Z. A. L. **Ciência, filosofia e conhecimento**: leituras paradigmáticas. Palmas: Kaygangue, 2002.

RUSSEL, B. **Fundamentos de filosofia**. Rio de Janeiro: Zahar, 1977.

SANTOS, A. C. S. dos; SANTOS, A. Da disciplinaridade à transdisciplinaridade: obstáculos epistemológicos. In: REUNIÃO ANUAL DA ANPED, 28., 2005, Caxambu, MG. Disponível em: <http://www.anped.org.br/reunioes/28/textos/gt04/GT04-388--Int.rtf>. Acesso em: 2 jul. 2008.

SANTOS, B. de S. Um discurso sobre as ciências na transição para uma ciência pós-moderna. **Estudos Avançados**, São Paulo, v. 2, n. 2, p. 46-71, maio/ago. 1988. Disponível em: <http://www.scielo.br/scielo.php?script=sci_arttext&pid=S0103-40141988000200007>. Acesso em: 2 jul. 2008.

SEVERINO, A. J. **Filosofia**. São Paulo: Cortez, 1992.

SOUZA, S. M. R. de. **Um outro olhar**: filosofia. São Paulo: FTD, 1995.

TEIXEIRA, F. M. Fundamentos teóricos que envolvem a concepção de conceitos científicos na construção do conhecimento das ciências naturais. **Ensaio**, Belo Horizonte, v. 8, n. 2, p. 121-132, dez. 2006. Disponível em: <http://www.fae.ufmg.br/ensaio/v8_n2/art_03.pdf>. Acesso em: 2 jul. 2008.

ZAGO, L. de M. et al. Fotossíntese: concepções dos alunos do Ensino Médio de Itumbiara-GO e Buriti Alegre-GO. **Revista Brasileira de Biociências**, Porto Alegre, v. 5, supl. 1, p. 780-782, jul. 2007. Disponível em: <http://www6.ufrgs.br/seerbio/ojs/index.php/rbb/article/view/831/660>. Acesso em: 2 jul. 2008.

Bibliografia comentada

CHASSOT, A. **A ciência através dos tempos**. São Paulo: Moderna, 1994.
O autor apresenta uma visão panorâmica da evolução da ciência desde a descoberta do fogo pelo homem até as conquistas mais recentes da ciência moderna.

CUNHA, E. S.; FLORIDO, J. **Grandes filósofos**: biografias e obras. São Paulo: Nova Cultural, 2005.
O livro mostra a biografia e as obras desenvolvidas pelos maiores pensadores filosóficos no decorrer da história da ciência, bem como as implicações de suas ideias.

CHALITA, G. **Vivendo a filosofia**. 3. ed. São Paulo: Ática, 2006.

O autor aborda o amplo campo da filosofia apresentando uma incursão cronológica e contextualizada pelo universo filosófico no qual se percebem as mudanças ocorridas na história do pensamento. O livro é ilustrado, explicativo, contextualizado e apresenta uma linguagem clara e concisa.

RODRIGUES, Z. A. L. **Ciência, filosofia e conhecimento**: leituras paradigmáticas. Palmas: Kaygangue, 2002.

A autora faz uma análise das ciências e da filosofia como fontes de saberes e conhecimentos e de seus usos pela sociedade e ainda uma análise entre conhecimento e ciência e seus modos de produção.

LIPMAN, M.; SHARP, A. M.; OSCANYAN, F. S. **A filosofia na sala de aula**. São Paulo: Nova Alexandria, 2001.

Os autores apresentam textos e discussões referentes aos aspectos metodológicos da filosofia em sala de aula, além de abordar as dificuldades experimentadas pelos programas atuais de educação em ciências.

CARVALHO, A. M. P.; GIL-PÉREZ, D. **Formação de professores de ciências**: tendências e inovações. São Paulo: Cortez, 2001.

Os autores apresentam textos e discussões que abordam as questões referentes à formação docente para o ensino de ciências.

Gabarito

Capítulo 1

Atividades de Autoavaliação

1. c
2. b
3. d
4. b
5. c

Atividades de Aprendizagem

Questões para Reflexão

1. Por meio da crítica, análise e reflexão sobre o homem e a realidade que o cerca. Promovendo a reflexão sobre a ciência em sua atividade de tornar a vida melhor.
2. John Dalton: estrutura do átomo.
   Luigi Galvani: primeiras experiências sobre condução elétrica.
   Charles Darwin: teoria da seleção natural.
   Louis Pasteur: pesquisas na área da bacteriologia.
   Amadeo Avogadro: lei de Avogadro.
   Dmitri Ivanovitch Mendeleiev: Classificação Periódica dos Elementos.

Capítulo 2

Atividades de Autoavaliação

1. d
2. b
3. c
4. d
5. c

Atividades de Aprendizagem

Questões para Reflexão

1. Kuhn: mudanças de paradigmas, revoluções científicas.
   Popper: investigação racional na construção e na avaliação das teorias científicas.
   Bachelard: noção de obstáculos epistemológicos.
2. A ciência e suas técnicas são indispensáveis para a sociedade nos dias atuais, tendo em vista sua função social para a vida do ser humano.

Com o desenvolvimento da ciência, muitos estudos passaram a ser realizados tanto na área da saúde quanto em outras áreas sociais, permitindo que suas descobertas resolvessem ou pelo menos minimizassem os problemas pelos quais a humanidade passa.

Capítulo 3

Atividades de Autoavaliação

1. b
2. c
3. d
4. c
5. a

Atividades de Aprendizagem

Questões para Reflexão

1. Este texto deve ser baseado nas características que diferenciam o conhecimento científico das outras formas de conhecimento, dentre os quais podem ser citados:
   Pontos positivos: baseado em fatos observáveis, estabelece critérios e modos de investigação.
   Pontos negativos: ele é não cumulativo, questionável, não são definitivos.
2. Noção de obstáculos epistemológicos.
   Recorrência histórica.
   Retificação dos erros.
   Noção de que a ciência se desenvolve por rupturas epistemológicas.
   Descontinuidade no conhecimento científico.

Capítulo 4

Atividades de Autoavaliação

1. d
2. d
3. c
4. b
5. b

Atividades de Aprendizagem

Questões para Reflexão

1. Sim, pois uma teoria científica é verdadeira, enquanto uma nova descoberta sobre aquele fato não é realizada. Diante de novas descobertas, as concepções vão se modificando e permanecerão enquanto condizentes com esses novos fatos.
2. Não, pois a ciência como qualquer outra forma de conhecimento não é capaz de explicar todas as coisas. Suas respostas ou modelos explicativos para interpretar os fatos são aproximações da verdade, podendo ser modificadas quando novos fatos são descobertos.

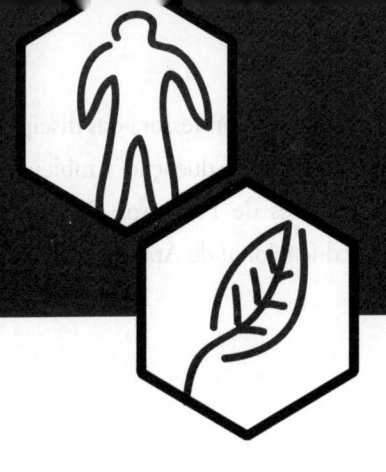

Nota sobre a autora

Diane Lucia de Paula Armstrong nasceu em Curitiba e graduou-se no curso de Licenciatura e Bacharelado em Química pela Universidade Federal do Paraná (UFPR) no ano de 1993. Especializou-se em Educação Ambiental pelo Instituto Brasileiro de Pós-Graduação e Extensão (Ibpex) no ano de 2004 e, nesse mesmo ano, ingressou no curso de mestrado em Ciência do Solo pela UFPR, obtendo o título de mestre no ano de 2006. Desde 2001, ministra aulas de Química para estudantes do ensino médio do Colégio Estadual do Paraná e, desde 2005, para alunos do ensino médio do Colégio Nossa Senhora de Sion.

É também professora das disciplinas de Estequiometria, Eletroquímica Industrial, Educação Ambiental e Biossegurança para os cursos superiores de Processos Químicos e Gestão Ambiental na Faculdade Educacional de Araucária (Facear).

Os papéis utilizados neste livro, certificados por instituições ambientais competentes, são recicláveis, provenientes de fontes renováveis e, portanto, um meio responsável e natural de informação e conhecimento.

MISTO
Papel produzido a partir de fontes responsáveis
FSC® C107644

Impressão: Gráfica Mona
Dezembro/2017